江苏高校哲学社会科学重点建设基地
吴文化传承与创新研究中心项目成果(编号:2018ZDJD-B018)

苏州水乡图鉴

朱剑刚　著

苏州大学出版社

图书在版编目(CIP)数据

苏州水乡图鉴/朱剑刚著. —苏州:苏州大学出版社,2020.10
(吴文化传承与创新研究丛书)
ISBN 978-7-5672-2086-7

Ⅰ.①苏… Ⅱ.①朱… Ⅲ.①地方文化-苏州-图集 Ⅳ.①G127.533-64

中国版本图书馆 CIP 数据核字(2020)第 098609 号

书　　名:	苏州水乡图鉴 SUZHOU SHUIXIANG TUJIAN
著　　者:	朱剑刚
责任编辑:	周建国
装帧设计:	吴　钰
出版发行:	苏州大学出版社(Soochow University Press)
社　　址:	苏州市十梓街1号　邮编:215006
印　　装:	苏州工业园区美柯乐制版印务有限责任公司
网　　址:	www.sudapress.com
邮　　箱:	sdcbs@suda.edu.cn
邮购热线:	0512-67480030
销售热线:	0512-67481020
开　　本:	889 mm×1 194 mm　1/16　印张:20.25　字数:172千
版　　次:	2020年10月第1版
印　　次:	2020年10月第1次印刷
书　　号:	ISBN 978-7-5672-2086-7
定　　价:	180.00元

凡购本社图书发现印装错误,请与本社联系调换。服务热线:0512-67481020

吴文化传承与创新研究丛书
编委会

主　任　　钮雪林　曹毓民

副主任　　刘　丹　陶亦亦　熊贵营
　　　　　张　健　姚金凤　孙学文

编　委　（以姓氏笔画为序）
　　　　　王敏杰　朱剑刚　刘　丹
　　　　　孙学文　李　平　李　政
　　　　　吴蕴慧　宋桂友　陈　璇
　　　　　孟利琴　钮雪林　姚金凤
　　　　　陶　莉　陶亦亦　曹毓民

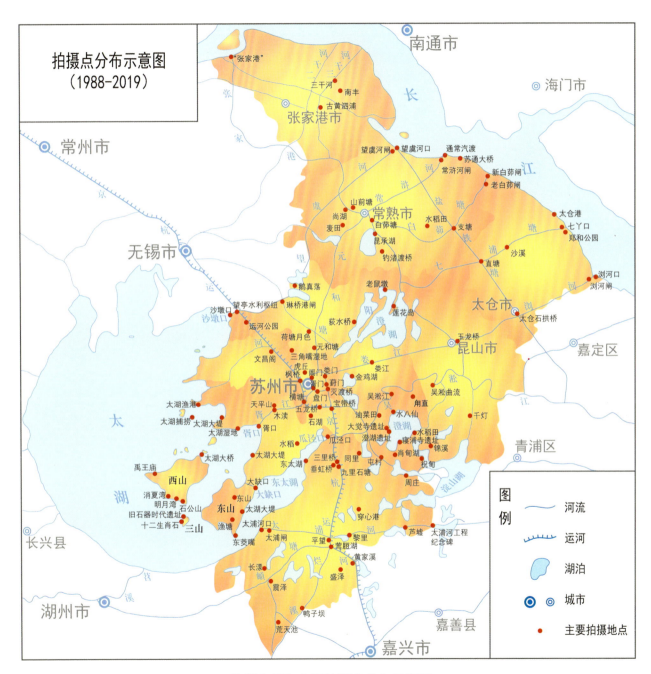

苏州水系和主要拍摄点分布示意图

目 录

序

水乡印记 ... 4
　鱼米之乡 ... 5
　乡村记忆 ... 9
　城镇印象 ... 14
　桥梁旧迹 ... 17
　史前遗存 ... 29

水乡水系 ... 35
　水系分区 ... 36
　从太湖到长江 ... 90
　江南运河 ... 123

水乡人文 ... 155
　苏州古城 ... 156
　古镇古村 ... 191
　园林水韵 ... 208
　湖石假山 ... 231
　水乡生活 ... 236

和谐发展 244
  太湖沧桑 244
  水患水利 264
  生态保护 290
  新水乡 298

后记 313

序

　　江南水乡，苏州为最。苏州，是人们心目中江南水乡的典型代表。苏州地处长江三角洲核心的太湖平原，地势低平，河道纵横，湖泊星罗棋布，全市域近一半的区域为水体。其间，坐落着历史悠久的古城，散布着各式水乡村镇，还留存着许多史前古文明遗址。

　　苏州建城已有二千五百多年的历史，虽然历经沧桑，古城的格局及其河道街巷、园林古建基本得以完好留传，古城及其周边众多的乡镇村落也由于保存了传统风貌而承载着人们对江南水乡的印象和向往。自然环境之灵动和历史人文之厚重，组合成秀美的水乡景观。

　　秀美的水乡景观，固然来自大自然的馈赠，但也离不开人类对水的治理和利用，尤其突出表现在对水患的治理及水运的兴盛。传说中的大禹治水，"三江既入、震泽底定"，构筑了苏州水系环境的基础。至胥溪、邗沟开挖，大运河的兴起，从春秋争霸至隋唐宋元发展再至明清鼎盛，运河带来的便利交通，以及其在航运中的重要节点地位，使苏州地区的兴盛与运河的繁荣相伴而来。正因为先民们千百年来的辛勤劳作和创造，使苏州从水乡泽国日臻演变成富饶美丽的江南明珠。

　　水乡的环境生成和历史演变，在苏州区域内留下了许多痕迹。通过这些变化与遗存，我们在宏观上可以了解江南水乡的自然环境和人地关系发展的脉络与方向，在细微处可以体察人与水的交互影响以及人对水的适应和改造。这些印记，有的随着时间的推移正逐渐淡出人们的视线，有的却因掺入新的元素而正在失去原有的神韵，亟待被记录和保留。

我现在翻阅着的《苏州水乡图鉴》书稿正是试图记录这些印记，希望能由表及里地探寻"水·地·人"关系之奥义的专题摄影图文集。作者朱剑刚小友在高校工作之余，基于对生于斯、长于斯的苏州水乡环境的认识和思考，又有着三十多年的行摄积累，在参与编写地方文化研究项目《苏州城墙》《苏州水城》等著作的同时，以地学原理融汇人文精神，把苏州古城与周边乡镇的水乡文化放在太湖水系的大环境中来分析和考虑，以大量的图片和史实记述了苏州水乡的成因与发展过程，以纪实的影像阐述学术观点，形成了很有分量的区域文化研究成果。尤其是该图鉴以不少篇幅记录了历代和近年来苏州的有关重要水利工程及生态保护工作，论述了人类活动对环境的适应和主动改造，以至形成不同的水乡景观。这在对水乡文化的研究中提出了一个崭新的视角，值得研究者重视。

可以预见，"水·地·人"的关系在苏州的发展中还将继续起着重要的作用，我们需要更多的有志者更深入地了解水乡，更科学地保护和建设水乡，绘就更美好的水乡新图景。《苏州水乡图鉴》一书也正是作者自己对"乡愁"的深刻感受与真实记录。

阮仪三

于沪上，2020. 5. 25

太湖渔帆，2012

太湖是苏州的母亲湖，哺育着生活在水乡的人们。作为苏州大部分地区水系的上源，太湖的安澜是水乡稳定的基础。

苏州古城西北郊三角嘴湿地，2019

苏州自古即为水乡泽国，至今仍是湿地广布。湿地生态系统对保护生物资源多样性、调节水文和气候具有重要作用。三角嘴湿地目前已建设成人们

休闲活动的好去处。

水乡印记

苏州自古为水乡泽国，居住在这里的人们，从远古的石器时代，到如今的现代化社会，一直在适应水乡环境的过程中生存并发展着。水与人之间相互影响，相互成就，形成了今天苏州独特的自然和人文属性。

"鱼米之乡"是世人对江南的第一印象。作为江南的核心区域，苏州适宜的气候、密布的水网、肥沃的土地形成了优越的自然环境，使其拥有了丰饶的物产，成为其富足与繁荣的基础。而繁体的"蘇"字，又恰是苏州"草木繁盛""鱼米之乡"自然环境的写照。

乡村向来是水乡原有自然风貌保存较好的地区。但对发达地区而言，农村在现代化和城市化进程的影响下变化日新月异，要找到传统的乡村景象已属不易之事。澄湖西岸的大姚山，原是一片受城市化影响相对较小的地区，虽然随着新农村建设的逐步推进也面临统一规划改造，但这里还能找到不少传统水乡留下的记忆。

城镇是受人为影响较大的地区，其环境面貌的改变烙上了更多、更特别的人为印记。河、船、桥之外，临水的驳岸和河埠、枕河建筑的特色也常常是水乡城镇的文化标签，成为人们构筑"梦里水乡"的经典元素。但在交通、运输方式发生根本改变的今天，城镇建设中"临水"的概念已弱化，虽然驳岸的护坡作用还在加强，但河埠已渐成遗珠。

桥梁是河道纵横、水网密布的水乡地区最为常见的建筑构件，也是水乡的特别印记。在方便了人们陆上出行的同时，桥梁也对水乡地区的水运进行着注解，形制各异、材质不一、大小殊分的古老石桥，承载着太多的历史信息：桥下过往船只的大小、河道的宽窄，以及经济的繁荣程度，甚至战乱与和平……而一些古老的桥梁，则提供了探寻过去人们的情感、思想以及对环境的认识的线索，能让今天的我们得以体察环境和世事的变迁。

更早的印记，可以追溯到远古时代。当我们回望幽远的历史长河，可以看到，在原始的泽国之地，苏州先民们就与水结下了不解之缘，石器时代文化遗址的变迁、太湖的形成与发展……种种印记表明，苏州发展史的开篇就是人与环境、人与水的故事！

鱼米之乡

人们常以"鱼米之乡"描述江南地区的繁荣和富庶,地处江南水乡核心区域的苏州,因其环境、气候、物产、人文而成为"鱼米之乡"的典型代表。

东山万亩鱼塘,2019

东山半岛东部数万亩鱼塘,也是"鱼米之乡"一处重要的实例。

喜悦，2011

　　船老大提着两条大鱼"献宝"，脸上洋溢着满满的喜悦。

丰收，2011

　　这一大网收获中，有各种鱼鲜。梅鲚鱼是个体数量最多者，人们在其中分拣出"太湖三白"之一的银鱼。

支塘水稻田，2010

横泾水稻田，2019

水稻是水乡地区最主要的粮食作物。长江三角洲是我国水稻种植最早的地区之一，唯亭草鞋山遗址出土过距今 6 000 多年的马家浜文化时期的稻谷等遗物。苏州向来是我国重要的粮食产区，历史上曾长期是国内以稻米为主的商品粮基地。在工业化和城市化进程极大地改变了农业生产的今天，大片金黄的稻田已是不可多得的美景。

冬小麦，2011

原产北方的小麦，是苏州主要的农田越冬粮食作物。千余年的种植历史，体现了长江三角洲地区与北方各地之间的文化交流。

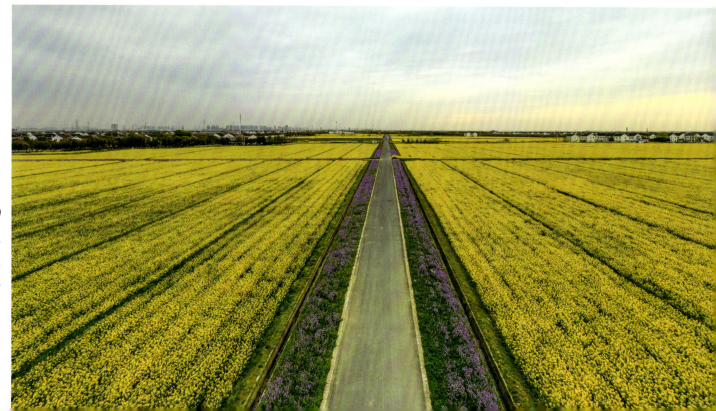

车坊的油菜田，2019

油菜是苏州传统油料作物，也是这里大田主要越冬作物之一。每年三月底四月初，当油菜花盛开时，田野一片金黄。

乡村记忆

乡村往往是保留水乡原始自然风貌较好的地区。以澄湖西岸大姚山周边为例，可以寻找到众多水乡留下的印记。

大姚山澄湖边的乡村，2019

澄湖西岸大姚山附近，村庄临河而建。沿着自左往右蜿蜒流过的大姚塘放眼望去，可看到近处的鱼塘、水田，远处澄湖广阔的水面，还有正前方绿荫中文化积淀丰厚的大姚山。

大姚山大觉寺遗址，2012

大姚山上原有梁代古刹大觉寺，如今只是田垄一片，仅遗银杏两棵——雌银杏树龄420年，雄银杏树龄360年。

俯瞰大姚山,2019

大姚山略呈圆形,高出附近地面数米,径长 150 米左右,历史上河环水绕,有着典型的水乡风貌。

大觉寺桥，2012

　　大姚山南侧有大觉寺桥，桥下河道虽已为泥沙淤废，但形态依旧可见。大觉寺四面环水的环境由此桥可证。大觉寺桥的石材杂有武康石、青石和花岗石，武康石印证了该桥始建于宋庆历七年（1047）的文字记载，不同的石料则说明该桥历代屡有重修，佐证了大觉寺香火的传承。

> 桥因座落在车坊镇大姚村大觉寺前而得名。桥始建于宋庆历七年（1047年），重建于元至正十一年（1351年）。梁式平桥，南北走向，全长5.15米，宽2.7米，高2.1米。桥上浮雕、透雕、佛教、神话等吉祥图案，刀法圆浑，线条流畅，形式规整。该桥是研究宋元时期建桥技术与宋代石雕艺术不可多得的珍贵资料。

大觉寺桥文保碑，2009

　　大觉寺桥为江苏省文物保护单位，文保碑记载着桥的历史和文物价值。

大觉寺桥石刻，2012

作为宋代梁式古石桥，大觉寺桥桥板上精美的石刻，是反映当时石雕艺术水平的不可多得的珍品。

摇城遗址，2017

摇城遗址为苏州市文物保护单位，紧邻大姚山。其文保碑记载："遗址在车坊乡澄湖西北部，面积约3平方千米，1974年围湖造田时发现发掘古井150余口，出土新石器至宋代各期文物1 200余件，为研究太湖流域古文化和河湖变迁提供了丰富的实物史料。"

城镇印象

城镇是人口密集之地，水乡城镇人们的居住和出行，与河湖水体之间有着各种密切的关系，城镇的建筑等也留有深深的水乡印记。

甪直古镇，2010

甪直是典型的水乡古镇，随处可见水乡元素：小桥、流水、手摇船、临河小街……还有容易被现在的人们忽略的，旧时生活在水边的人们每日淘米洗菜、浣洗衣物、上下船只等不可或缺的河埠。

山塘河，2010

苏州古城外的山塘河是经典的水乡河道，街河相邻，这里有桥梁、船只，以及枕河人家的河埠、临水小阳台。

虎丘景区，2019

虎丘是一处综合性古迹。河环水绕、绿意葱茏的虎丘山，在迁建区的环绕中更凸显它的重要性。宋代大文豪苏东坡曾说过，到苏州"不游虎丘，乃憾事也"。

桥梁旧迹

作为水乡地区最为常见的建筑构件,桥梁方便着人们的生活出行,其构筑的形式也印证着当时的水域境况。古老的石桥,更承载着水乡的历史。一些石桥的桥联,还反映出当时人们对环境的认识,能让今天的我们得以追溯环境变迁的历程。

水运要道上的古桥

澹台湖口宝带桥,2017

宝带桥是唐代始建的大运河纤道上的古桥,跨澹台湖口,共有53孔、全长316.8米,是国内现存古桥中最长的多孔石桥,为全国重点文物保护单位。

太仓石拱桥（州桥），2019

太仓城厢镇古致和塘有州桥、皋桥、周泾桥三座元代石拱桥，青石为材，拱券、桥栏、桥耳等多饰以石雕，金刚墙和桥面石之间镶嵌有"乳丁"石，美观而独特。此三桥与井亭桥、金鸡桥一起被列为全国重点文物保护单位。太仓石拱桥为研究元代石拱桥建造历史提供了珍贵的实例，更反映了太仓城、致和塘在元代"漕粮海运"期间的特殊地位。俯瞰州桥体量与现今致和塘宽度的对比也很能说明文物本身在记录环境变迁中的价值。

太仓石拱桥（州桥）俯瞰，2019

太仓石拱桥（皋桥），2019

太仓石拱桥（周泾桥），2019

盘门附近的各式桥梁，2019

盘门附近，是苏州古城桥梁最密集的地方。近处的西塘河上，由近及远是新、老裕棠桥，西塘河与外城河交汇处为兴龙桥。外城河上，西面（远处）为吴门桥，东面（右侧）为蟠龙桥。盘门附近的外城河，是历史上大运河经过苏州时的主要航道，河上吴门桥体量远大于西塘河上同为石拱桥的兴龙桥。大运河给苏州带来了繁荣，也为近代工业在苏州的发展打下了基础，从这里还可以看到著名的"苏纶厂"的标记。

盘门外吴门桥，2019

　　吴门桥是苏州市区现存最高的一座古石拱桥，为江苏省文物保护单位。桥身全长66.3米，中宽4.8米，拱券净跨16米，矢高9.85米。正常水位时，吴门桥拱顶净高约9米，意味着过往的航船可以不落篷而直接通过，这极大地增强了其通航能力。盘门水城门通往外城河处还有一座水关桥（图中吴门桥右上部），其小巧的桥身与高大的吴门桥之间的对比，正是姑苏城水巷与借道外城河的大运河之间的比照。

虞山山前塘甸桥，2019

虞山山前塘程家桥，2019

虞山与尚湖之间，有山前塘。河上有三座被列为常熟市文物保护单位的古石桥，自常熟古城西门起，由东向西依次名为甸桥、程家桥、拂水桥，俗称"头条桥""二条桥""三条桥"。三座石桥均为建于明代的单拱石桥，拱形高大，便于船只通行，是此地明清时期经济发达、水运繁忙的佐证。

虞山山前塘拂水桥，2019

盛泽白龙桥，2019

白龙桥建于清末，跨镇西原西白漾之西口，东距盛泽古镇核心区约 3 千米，西与现今大运河主航线烂溪塘相距约 1 千米，现为苏州市文物保护单位。

盛泽升明桥，2019

升明桥建于明代，是盛泽古镇现存年代较早的古迹，也是为数不多的保留着较为完整的明代青石金刚墙原物的古石桥，现为苏州市文物保护单位。升明桥跨盛泽镇东原东白漾之东口，东距大运河故道 4 千米，是清代和民国期间盛泽丝绸对外运输的主要通道，与邻近的先蚕祠等古迹同是盛泽发展历史的见证。

桥联中的水乡信息

古石桥上多有桥联，或为题柱，或诵佛号，也多有关于水乡环境的记述。

蟠龙桥，2019

蟠龙桥借原胥江上拆除的枣市桥的外形和石料修建而成，跨苏州古城区南部吴门桥与人民桥之间的古城外城河，北接东大街南端。桥东有一联："西来桂棹上黄浦，东去锦帆入太湖。"点出了苏州水系的来龙去脉，也说明了古城的位置和原先胥江水运的特殊地位。

钓渚渡桥，2015

钓渚渡桥，原名"云庆桥"，现为常熟市文物保护单位。原址位于无锡宛山荡与常熟嘉陵荡之间的常熟张桥境内，后迁建于常熟沙家浜景区内。其北侧有联："路达梁溪百里湖山新气象，地名钓渚千秋人物毓英灵。"点出了其位于常熟与无锡之间的原生水乡环境。

东亭子桥，2009

东亭子桥位于太仓城厢镇，为花岗石三跨梁式古桥。其东侧有联："浩阅沧桑夕汐朝潮何处□□，中流砥柱熙来攘往斯地为□。"正是原先娄东之地潮汐变化明显的侧影。潮汐对河流的水流方向、速度以及泥沙的沉积等都有影响，关系到自然地理环境的演化，也会对经济社会环境产生影响。

红砖桥

20世纪六七十年代间,苏州地区不少地方开展过一轮较大规模的农田水利基本建设,同时在修路架桥方面留下了不少印记。现在的苏州农村,时常还能见到那个时期用混凝土和红砖砌筑的老桥。可惜的是这批红砖桥普遍没有受到重视和保护。

羿家溇西桥,2010

羿家漊西桥，2013

羿家漊西桥位于常熟境内昆承快速路东侧，见证了水乡交通的发展、环境的变化，以及城市化的过程。遗憾的是这座老桥的桥栏被破坏得比较严重，风貌不再，这也是这批红砖桥的普遍现状。

羿家漊西桥，2014

史前遗存

苏州有不少史前文化遗迹，从万年前的吴中区太湖三山岛旧石器时代遗址，到马家浜文化、崧泽文化、良渚文化和马桥文化等各个时期的新石器时代遗址。这些遗址的分布，传递出古人在与水乡泽国环境相适应过程中不断发展的信息。

太湖三山

从石公山看三山、泽山和厥山，2011

晴好之日，从西山岛南端的石公山南望，可以清晰地看到约3千米外的三山岛，以及三山岛附近的泽山和厥山两岛，它们如海上仙山似的浮现在太湖碧波之上。三山又称"笔架山"，居东、西山之间水道南口，扼胥口与湖州间太湖航道之咽喉，有"三山门"之称。岛上三山村是国家级历史文化名村。

三山岛俯瞰，2019

　　三山岛实为山体出露于太湖水面而形成的小岛，因岛上有大山、行山和小姑山而得名。此外还有旧石器文化遗址所在地东泊小山。近年因建设水上绿化景观工程，泽山岛也与三山岛隐约相连。

三山岛西北部的东泊小山，2019

　　20世纪80年代，人们在三山岛上发现了旧石器时代遗址，填补了长江下游地区旧石器文化分布的空白，该遗址现为江苏省文物保护单位。东泊小山南侧湖滩是三山岛旧石器时代遗址的主要发现地。

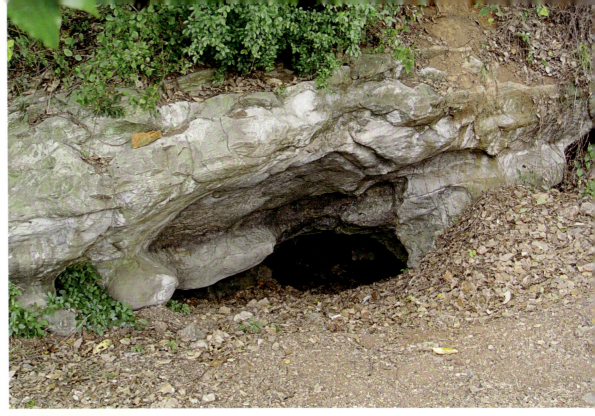

三山岛旧石器时代遗址古溶洞，2006

天然的溶洞往往是早期人类良好的栖身之所，石器制品遗落分布于此也在情理之中。只是现在看来，此处过于临近太湖水面，太湖涨水会淹没洞口，这里能是合适的栖居之地么？或者是，当时并没有现在这样的太湖？

三山岛旧石器时代遗址，2010

现在的三山岛面积不过1.6平方千米，在旧石器时代低下的生产力条件下，这样的环境显然无法维持原始族群的稳定和繁衍。那么，当时究竟是怎样的环境呢？

新石器时代遗址

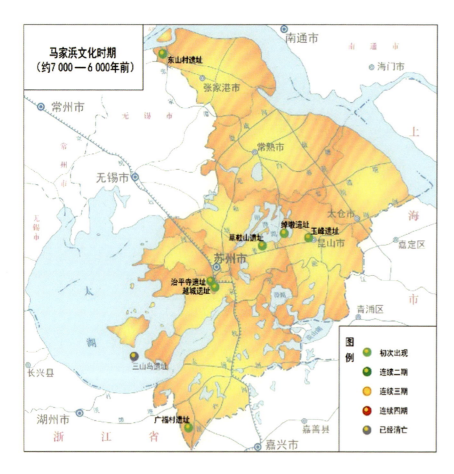

马家浜文化遗址分布示意图

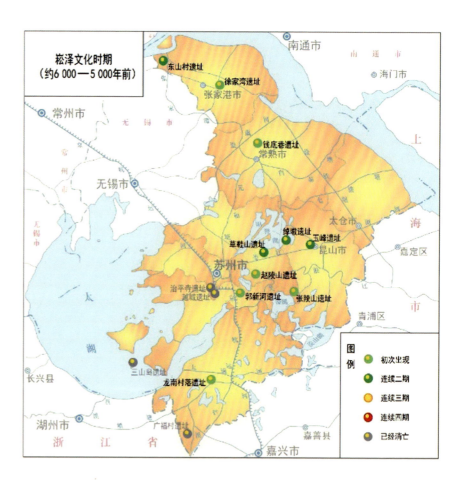

崧泽文化遗址分布示意图

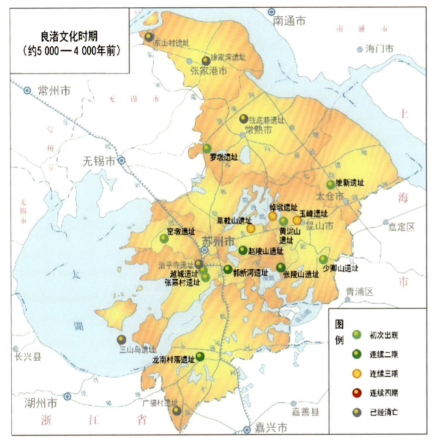
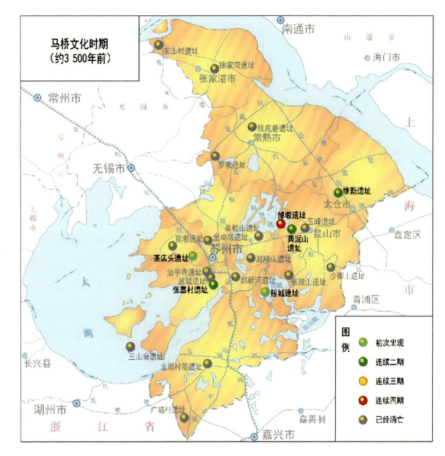

良渚文化遗址分布示意图　　　　　　　　　　　　　　　马桥文化遗址分布示意图

苏州地区的新石器时代遗址，主要分布在太湖以东的苏州古城到娄江—吴淞江流域区，这与旧时地理环境及人类活动有密切关系。在长江沿岸原先是海域的地方和在吴江等地原先是一片泽国的地方，就缺少古文化遗址形成的基本条件。新石器时代的苏州区域，从约7 000年前的马家浜文化，到约6 000年前的崧泽文化，再到约5 000年前的良渚文化，各时期遗址点数量由少到多，分布位置越来越广，可见这一时期文化的发展与扩散。而在良渚文化之后，到大约3 500年前的马桥文化时期，遗址的分布点突然减少，之前的文化遗址点绝大多数已经消失，只有少量还留存着。这里发生了什么？史前大洪水是用得比较多的假说。

良渚文化

良渚文化，被公认为长江三角洲地区新石器时代文化最为辉煌的一个时期，以其精美的玉器文化而闻名。2019年，良渚古城以其人类早期城市结构、优良的水利系统等遗迹被列入世界文化遗产名录。苏州的草鞋山、张陵山等不少地方也分布着良渚时期的古文化遗址，是长江三角洲地区古文明的重要组成部分。

玉琮是良渚文化时期玉器的代表。对它的功用和制作方法，有着不同的说法。对比苏杭两地出土的玉琮，其结构形式和细部特征基本一致，只在器型的大小等方面存在差异。显然，在水乡泽国的大背景下，相距100多千米的两地之间，定然已有不少文化交流，而且一定程度上存在统一的规制。

苏州博物馆馆藏玉琮，2010

杭州良渚博物院收藏的玉琮，2012

水乡水系

水乡苏州，自然环境的骨架是地下的地质构造，而显现在外的则是面积上占据了绝对优势的平原与水面。水系如血脉般滋养着这一片丰饶之地。

苏州水系的核心是太湖水系。太湖水系作为长江水系的组成部分，接近长江入海的尾闾，上纳自浙北、皖南山区的多方来水，下泄以黄浦江为代表的通江大河。对苏州来说，太湖则是其水系的源头，通江达海的河道是其水系的出口。近湖者为源，近江者为委（尾），分别表现出太湖周边、长江沿岸不同的特点；而源委之间，更有着广阔的水网湖荡地区，这里是苏州水乡广阔的腹地。

从太湖到长江，是苏州水系源流运行的大方向，也是太湖之水排泄的方向。水流的运行驱动了水乡自然环境发展的进程。从全域看，苏州北有望虞河、南有太浦河，中间是胥江—娄江—浏河，更有古老的吴淞江；在局部区域，有白茆塘、七浦塘等，千百年来，各有贡献，又共同催生着水乡的繁华。

纵贯苏州全境，与诸多重要河道相交的大运河，是苏州发展历史中最重要的人工水道。从水系的角度看，大运河也是自成一体，独具特色。苏州有着我国历史上最早出现的一批人工河道，成为隋朝大运河和元代以降京杭大运河的基础。得益于大运河，苏州在明清时期成为全国经济中心城市。在2014年中国大运河成功申遗的过程中，苏州是大运河沿线唯一以古城概念列入其中的城市。

水系分区

苏州处在从长江三角洲腹地的太湖平原至长江沿岸的地区，有众多河湖水体，陆地主要为由太湖水系和长江冲积而成的平原。全区域可分为滨湖区、沿江区以及由阳澄、淀泖和浦南组成的水网区。其中滨湖区是苏州水系的源头区域，与其他区域以大运河—頔（dí）塘为界；水网区大致位于盐铁塘以南，是水乡的腹地，也是狭义概念上的水乡地区，与沿江"高乡"相对，俗称"低乡"；沿江区有新垦长江"沙洲"区域，更有苏州北部阳澄水系尾闾穿越入江的沿江高亢地区，后者与水网区构成了"高乡"和"低乡"间特殊的空间对照。

滨湖区

滨湖区是指太湖与大运河—頔塘一线以西的区域。太湖是苏州最重要的湖泊，是苏州地区水系的主要源头，有众多的溇港与东部湖荡水网地区相通，太湖泄水是苏州历史上人地关系的重要课题。滨湖区还分布着苏州唯一一处较大面积的山丘区域，对太湖位置起到自然的控制作用，从而保证了苏州古城免受上游方向来自太湖的水患压力。

太湖

太湖水云间，2011

太湖古称"震泽""具区(ōu)""笠泽""五湖"，是我国东部五大淡水湖之一，位于苏、浙两省交界处，环以苏州、无锡和湖州市域，周长近400千米，湖泊面积近2 500平方千米，内含岛屿面积近100平方千米。太湖水面的大部分（约70%）和湖上岛屿的绝大部分属苏州所有。

太湖渔帆，2011

太湖湖滨国家湿地公园，2009

　　太湖是苏州最重要的水源地，苏州太湖国家湿地公园、苏州太湖湖滨国家湿地公园等沿湖湿地公园的建设在自然生态改善和环境保护方面发挥了重要作用，已成为市民休闲娱乐的好去处。

难得一见的太湖冰封，2016

罕见的太湖岸冰凌奇景，2016

苏州地处亚热带北部，冬季最冷的一月平均温度在摄氏零度以上，加之太湖巨大的水体蕴藏着巨大的热量，因此太湖冰封的现象极为少见。只有在寒冷的西北风连日吹送下，太湖东南部的湖岸才可能会积聚起比较厚的冰层，甚至在强风下堆塑出奇特的冰凌。

东太湖大浦口，2010

太湖上承苕溪、荆溪来水，经东部娄港泄出，其中苏州段泄水河口共有二十多个，经滨湖区通河网区向东排泄。相比太浦河、望虞河、吴淞江、胥江等太湖主要泄水河道而言，吴江大浦口是太湖东岸众多较为普通的出水口之一。

● 滨湖地带 ●

木渎香溪，2019

吴中区木渎古镇有 2 500 多年历史，是第二批国家级历史文化名镇之一。木光运河自光福至木渎，其中灵岩山至木渎古镇一段通常被称为"香溪"，沿岸古迹众多，游人如织。这里因地处山丘地带，河网密度小，环境与湖荡水乡区多有不同。

从太湖边远眺苏州古城，2019

从高处看太湖与苏州古城，中间隔着清明山、七子山、灵岩山等山体，正是这些山体框定了太湖东岸的位置，确保了太湖和苏州古城之间数千年的稳定关系。

木渎胥江故道，2019

穿过木渎古镇的胥江故道，河道深切，地面高企，这与木渎所处山丘地带直接相关。

天平山秋影,2013

天平山位于苏州城西山丘地带的核心位置,山麓地带的池塘为这里的风景增色不少。

行春桥和越城桥，2019

行春桥、越城桥位于原东太湖北延湖湾的石湖北口，均为苏州市文物保护单位。越城桥始建于南宋淳熙年间，为单孔花岗石拱桥，净跨9.5米，矢高4.8米，所跨越来溪向北通横塘。行春桥位于越城桥西，为九孔连拱长桥，全长54米，中孔净跨5.30米，矢高2.60米，桥身由花岗石砌筑，长系石为宋代旧物武康石。

东山果基鱼塘,2019

太湖东山半岛东部为大面积的鱼塘,塘基多种有枇杷、柑橘等各种果树。在增加经济收入、构建立体多样的生态系统方面,这是一种很有效的传统做法。

桑树和鱼塘，2010

太湖东南的苏州吴江区等地多有种桑养蚕的传统，但现在种桑的区域日渐减少，成片的桑田已经鲜见，原有的桑基鱼塘景象已经难以见到。

房前屋后偶见的桑树，2010

沿江区

沿江区指现长江沿岸地区，主要由长江携带的泥沙堆积而成。这里既有最新涨沙成陆的新垦区，也有历史较为悠久的高乡地区；这里是望虞河、白茆塘、七浦塘、浏河等本地区主要泄水河道入江之处，更是苏州水运通江达海的重要枢纽地带。

"沙洲"

"沙洲"原指由流水所带泥沙沉积而成的沙滩，是沿江区最新积沙成陆的区域。20世纪60年代在苏州最北部的长江边新设"沙洲县"，即现在的张家港市。

垦区的弧形结构，2019

在张家港南丰和锦丰之间，以东港村至西港村为中心，向北、东、南三个方向扩展出明显的同心圆状的河道、耕道和农田的分布，以及具有同样结构的大多以"圩"为后缀来命名的村舍，承载着人们在长江沙滩上围垦土地的记忆。图中部四干河笔直地通向长江边，这也是较近时期开挖而成的人工河道。远处，长江上正在建造中的沪通长江大桥隐约可见。

东渡苑俯瞰，2019

从鉴真东渡起点的张家港东渡苑附近极目远望，除了三干河向北通往约14千米外的长江，别无其他江海的迹象。长江泥沙沉积造成的岸线变迁，对这里的地理环境有着非常深刻的影响。

三干河，2019

锦丰 403 乡道旁笔直的三干河，经过古黄泗浦后向北直通长江边，是张家港重要的引排河道之一，也是这里的形象窗口。

● 高乡 ●

　　常熟、太仓沿江和张家港一部分沿江地区，因受长江泥沙沉积影响的历史较长，地势相对高亢，通常被称作"高乡"。这里土质砂性较重，适合棉花生长，明代以来一直是重要的产棉区。在现代农业生产转型过程中，高乡地带多转为以种植蔬菜为主。

高乡印象，2012
太仓浏河口载人的小舟，与货船、江岸相互映衬，凸显了沿江高乡地带陆地岸头的高程。

落潮,2019

受长江口附近潮汐的影响,沿江河口水位涨落明显。落潮时,河口露出不少浅水滩涂。

支塘集贤桥,2019

盐铁塘畔常熟支塘镇的集贤桥是一座明代古桥,桥畔的河埠、驳岸已具高乡地区的特征。

高乡古镇沙溪,2019

　　七浦塘畔的太仓沙溪镇,是高乡古镇的代表。这里有着长江泥沙沉积形成的相对高亢的地势,同时,作为通江入海的古河道,既要泄低乡湖荡之水入江,又要抵御长江潮流倒灌。表现在古镇的建筑上,这里的河埠、沿河房屋屋基之高,清晰地反映了高乡特有的环境特点。

太仓棉花育种中心棉田,2019

高乡的砂性土有利于棉花的生长,棉花曾经是高乡地区主要的经济作物,太仓的棉花育种在国内有不小的影响。而在今天,棉花已为蔬菜所替代,大田广种棉花的情形已渐渐成为历史。

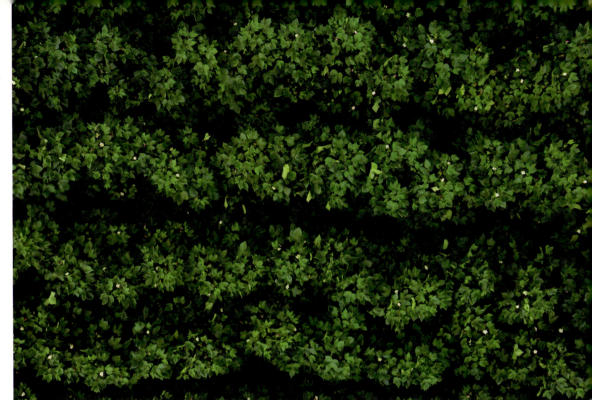

8月底的棉花正在结铃，2019

10月底棉花盛开如雪，2019

沙溪孙泰隆老花行，2019

　　高乡棉花种植、加工和贸易的历史悠久，旧时太仓沙溪古镇上就有几家做棉花生意的"花行"。孙泰隆老花行的建筑是当年的原物，现已被列为文物加以控制保护。

蔬菜种植，2019

常熟董浜、东张一带原先种植棉花的地方，现在主要以种植蔬菜为主，现代化农业生产技术的应用也日益普及。

现代农业设施，2019

通江达海

沿江地带是苏州通江达海的枢纽。从唐代鉴真和尚东渡日本，元代河道阻塞漕粮海运，明代郑和七下西洋开辟"海上丝绸之路"，到当代张家港、常熟港、太仓港等港口建设，沿江地区在苏州的水运交通中始终发挥着特殊的作用。

东渡苑，2019

张家港东渡苑建于全国重点文物保护单位"黄泗浦"遗址附近，这里是唐代高僧鉴真第六次东渡日本并最后成功的启航之地。

郑和像，2009

明代航海家郑和（三保太监）率船队七下西洋，其中有六次从太仓刘家港（今浏河）出发。现在七浦塘入江口南侧建有郑和公园。

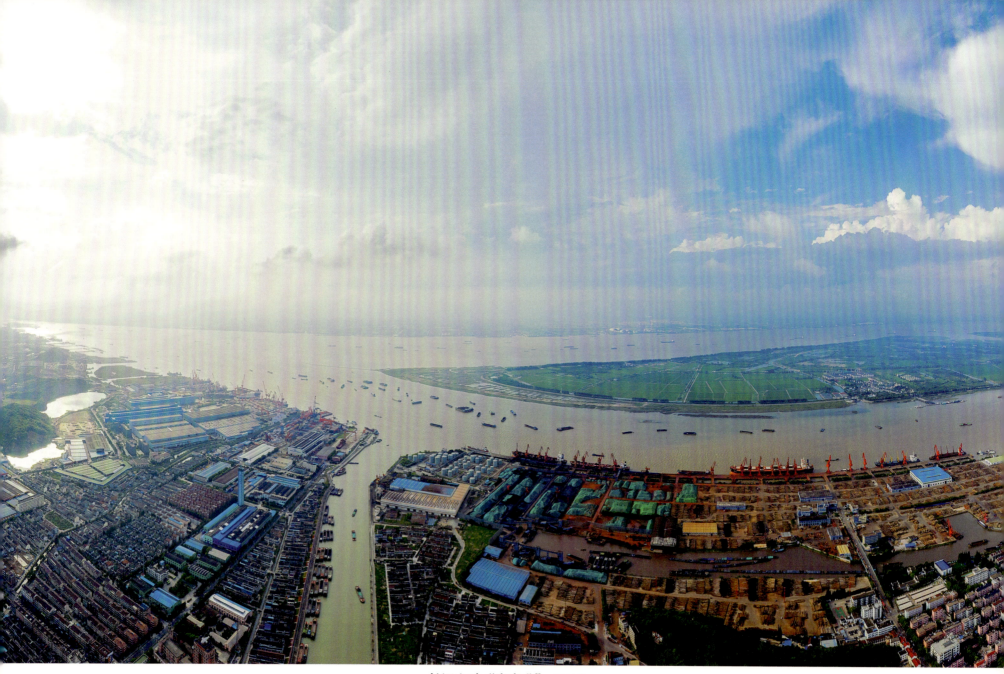

长江之畔"张家港",2019

"张家港"之名所指因时而扩展,以年代为序,大致如下:其一,"张家港"最早是画面右侧蜿蜒至中间的这条汇入大江的支流的名称。此河原为乡间小港,经20世纪五六十年代两次拓浚整治,成为了一条从当时的沙洲县,经江阴、常熟、昆山诸县,接上海吴淞江的区域性运河,在引排、运输等方

面起到了重要作用。其二,"张家港"是图中长江双山岛南侧河汊中港口的名字。新中国成立后政府在此建设长江港口,改革开放后建成了苏州最早的现代化大型通海河港——张家港。其三,"张家港"为行政区域之名。原沙洲县在1986年撤县设市时,因港口而得名,称"张家港市"。

太仓港集装箱码头远眺，2019

太仓最早的知名港口为刘家港，自隋唐时期开始出现，至元朝因"漕粮海运"兴盛而渐成"六国码头""天下第一码头"，在明代时为郑和下西洋起

锚地。现太仓港依托38千米多的长江岸线，自20世纪90年代初开始建设，发展目标定位为上海国际航运中心重要组成部分、集装箱干线港、江海联运中转枢纽港。

暮霭中依然车船往来不息的苏通大桥和长江航道，2019

通常汽渡旁的集装箱港，2019

运输船正在经过常浒河套闸，2019

水网区

水网区是指大运河以东、盐铁塘以南地势低洼、河湖密布的区域，历史上是真正的"水乡泽国"，农耕开发以圩田为主，主产稻米，是传统的"低乡"地区。这里防洪排涝压力巨大，历史上多洪涝积水、"地陷成湖"、海潮侵袭。从"三江"入海，到塘浦体系，水利建设始终是历代治理的核心主题。按水系位置和历史发展情况，水网区又以娄江—浏河、太浦河为界分作三个亚区。

低乡

常熟、太仓沿盐铁塘一线以南的区域，历史上主要是湖荡泽国地区，地势低洼，通常被称作"低乡"——一个相对宽泛的区域概念。长期的水利建设和垦殖耕作形成了较为完善的塘浦体系与肥沃的良田，耕地以水田为主，历来是稻米的主要产区。

低乡印象，2011

相城区莲花岛水岸与阳澄湖湖面之间仅有数十厘米的高度差，是低乡环境的核心印象。

低乡湖田,2019

常熟青墩塘北古里镇西有湖口村,其北侧环绕着面积不小的湖荡区,低乡湖田的景象相当鲜明。

稻田劳作,2012

低乡地区水稻的种植历史非常悠久,从早期"火耕水耨"的粗放作业,到后来精耕细作的集约化生产,生产技术不断提升。画面中手工除草的方式,则是在较多使用化肥、农药、除草剂的能源密集型农业后,讲究"绿色""有机"的一种新追求。

阳澄亚区

娄江—浏河以北，以阳澄湖为核心的区域，是苏州北部的湖荡地区，昆承湖、尚湖等也是这里的主要湖泊。相较于南部湖荡地区而言，这里的耕地开发历史更早、程度更高，而塘浦体系形成的历史更为悠久。这里土质黏重，灌溉便利，种稻、养鱼成为这里的农业特色。

退耕还湖之初的尚湖，约 1988

虞山南侧的尚湖，是著名的湖泊湿地。这里曾因围湖造田而生态失衡。20 世纪 80 年代中叶退田还湖以后，环境日渐恢复。在环湖大堤、人工岛屿围护之下，培育了不少水上森林，成了鸟类的乐园。现在，尚湖已是著名的自然风景区。

尚湖湿地，2019

相城中国花卉植物园的新绿,2015

荷塘月色湿地公园，2015

苏州城北相城区有不少古代河湖遗迹，现在为低洼的湿地。近年来政府因势利导，开发了荷塘月色湿地公园、花卉植物园等，颇显水乡特色。

夏日的荷塘月色湿地公园，2019

改造前的元和塘陆慕段，2010

元和塘是苏州与常熟间一条重要的通航、排水河道，南起苏州齐门，北至常熟南门，途经陆慕、蠡口等古镇。元和塘最早的开浚记载在唐元和二年（807），历代多次疏浚。新中国成立后因航运需要多次拓浚，近年又对沿途景观实施了改造。

运输船正在经过元和塘"苏州小外滩"，2014

淀泖亚区

娄江—浏河和太浦河之间,因下游方向有淀山湖和"三泖"地区而称"淀泖"。这里曾经是太湖东延的浅水区,后因泥沙淤积逐渐成为陆地,是水网区地势最低、湖泊最多的地方。周庄、同里、甪直、锦溪、千灯等著名水乡古镇都分布在这个区域,是真正的苏州水乡核心地区。

川心港村水乡村落,2019

水乡民居讲究亲水,房屋多是沿河而建。公路运输的发展使这种格局逐渐有所改变。

肖甸湖林地,2017

澄湖的南湾为肖甸湖,湖畔有大片在湿地上营造起来的林地,也是湿地利用的一种形式。

吴淞江车坊段，2019

苏州工业园区车坊、胜浦一带的吴淞江，江面与两岸之间没有多大的高差，几乎连成一片。

胜浦大桥下的吴淞江，2013

千灯浦，2009

千灯浦是联结淀山湖和吴淞江之间的古河道，因经过昆山千灯古镇而得名。千灯原为"千墩"，意为吴淞江流域低湿之地沿途多有土墩，至这里达千数之多，故有此名。"千墩"之名，更能反映淀泖地区总体低湿的自然环境。千灯古镇现为国家级历史文化名镇。

急水港畔的屯村，2019

屯村位于沐庄湖西南侧，有急水港穿过。水运为主的时期，屯村与同里、周庄等同为苏州与松江之间水上通道的重要节点。

浦南亚区

太浦河连接太湖和黄浦江,其以南区域与浙北地界相连,常被称为"吴头越尾""吴根越角"之地,也多低洼的湖荡区。

浦南乡村,2019

不经意的一瞥,也会被江南水乡的美景所打动。

荒天池附近的低地丛林,2019

吴江境域南端,自铜罗古镇附近向南,有一片绵延 10 千米的低湿林地,遍植香樟等树,多为商品苗木。春季,新叶绽放,色彩斑斓,美不胜收。

荡白漾和长漾之间的苏震桃公路，2019

浦南也多湖泊，且多以"漾"为名。在右侧近处的长漾和中部远处的荡白漾之间，高等级的苏震桃公路给水乡地区的陆上出行带来了极大的便利。

黎里古镇局部,2018

黎里古镇一段低浅的岸头,有着湖荡水乡鲜明的特色。

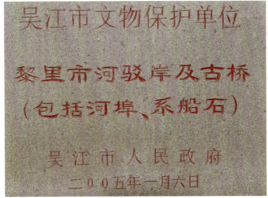

黎里镇被整体列为文物保护单位的驳岸、河埠和石桥，2018

在国家级历史文化名镇黎里，包括河埠、系船石在内的水乡市镇基础设施以"黎里市河驳岸及古桥"之条目被列为吴江市文物保护单位（后因吴江撤市建区而被列为苏州市文物保护单位），这是为数不多的将古镇河岸系统列入文物保护的地方。

古頔塘畔震泽古镇，2019

国家级历史文化名镇震泽古镇位于古頔塘沿岸，向西紧连浙江南浔，通浙江湖州。

震泽頔塘边的老宅，2019

穿镇而过的頔塘岸边时有浣洗者，2019

从太湖到长江

从太湖到长江，是苏州水系源流运行的方向，也是太湖流域水流经各河道水网而向长江排泄的方向。这个过程也驱动了水乡物质的迁移和能量的运行，促成了水乡自然环境的发展。在这些河流中，有传说中大禹治水时期就存在的古老河流，例如吴淞江；也有新中国成立后为根治太湖水患而规划建设的望虞河、太浦河等。有以苏州古城为枢纽，在泄水之外，起到沟通太湖与长江之间航运的胥江—娄江—浏河；也有在近长江局部流域中，从湖荡低乡向沿江高乡之间起到引排、航运等综合作用的古老河流，例如白茆塘、七浦塘等。

望虞河

望虞河因起自太湖东北岸望亭镇沙墩口、经虞山西侧而得名，至铁黄沙附近入长江，全长60余千米。按早期规划，望虞河既承泄沿线西北侧无锡等区域来水以减轻东南水网低乡区承水的压力，又可泄太湖洪水入江，更可在干旱年份引长江水以缓解旱情。望虞河上段利用常昭运河，下段串联漕湖、鹅真荡、嘉陵荡等湖泊，鹅真荡以下基本为平地开河，1958—1959年完成开挖。1987年，望虞河再被规划为流域性主要泄洪河道，是太湖流域治理十项骨干工程之一，1996—1997年完成全线拓浚。望虞河在沙墩口以下约2千米处建有望亭水利枢纽，实现了与大运河之间的立体交汇。

太湖沙墩口，2013

太湖沙墩口是望虞河的西南端点，传统上也被视为苏州与无锡的交界处。

望虞河鹅真荡入口处，2019

鹅真荡为苏州与无锡间的界湖，望虞河从湖中"穿过"。湖西无锡侧有荡口古镇。

望虞河常熟枢纽船闸开闸，2009

望虞河入长江口附近建有常熟水利枢纽，设有船闸、节制闸和双向抽水站，满足引排水和河运的不同需求。船闸开闸时，鱼贯而出的船阵蔚为壮观。

长江望虞河口外铁黄沙，2018

望虞河汇入长江的河口外，原有一个面积不足3平方千米的小沙岛，名为"铁黄沙"。随着长江沿岸建设的推进，铁黄沙区域如今已并岸成陆，望虞河口所在区域成了长江的一个港汊。

胥江—娄江—浏河

　　胥江、娄江、浏河是苏州历史悠久的古老河道。胥江是春秋吴国时开挖的苏州最早的人工运河，经胥口、木渎、横塘等古镇在胥门汇入苏州古城外护城河，总长约17千米。娄江西起苏州古城娄门外城河，经跨塘、唯亭等镇，过昆山玉山镇，接浏河。宋至和二年（1055）疏浚后称"至和塘"（今多写作"致和塘"），历史上是承泄苏州汇集诸水的重要河道，北接阳澄、南连淀泖，历代多次浚治。浏河古称"刘家港"，上接娄江，下达长江，明代"掣淞入浏"工程使之一度成为太湖以东水网区泄水入江的主要通道，其水利作用为历代重视，仅明、清两朝就有30多次疏浚整治。胥江—娄江—浏河一线以苏州古城为枢纽，西通太湖，东达江海，向来是重要的水上运输通道，尤其在元代和明初，娄江、浏河在联结海运过程中担任着重要的角色。

太湖胥江口，2013

太湖胥江口是胥江的起点，太湖水由此流向苏州古城。

胥虹桥，2019

吴中区胥口镇横跨胥江的胥虹桥是一座大型木结构拱桥，展示了苏州"香山帮匠人"的精湛技艺。

木渎新老胥江交汇处，2019

木渎镇东，穿过镇区的胥江故道与绕过镇南的胥江主航道交汇，继续流向东面的苏州古城。

胥门胥江口，2019

胥江经过泰让桥后进入苏州古城外城河，这里是苏州古城胥门所在之处。

娄江起点，2019

娄门路南侧为娄江，与外城河交汇处为娄江的起点。原先娄门的水城门位置现建有泵站。人们通常把娄江和浏河看成是一条河——自苏州古城东北的娄门起，经昆山过太仓，至浏河口入长江。

阳澄湖和金鸡湖之间的娄江,2019

娄江自西向东笔直而行,常作为阳澄地区和淀泖地区的分界线。北侧(左)为阳澄湖,南侧(右)为金鸡湖、独墅湖。从东偏南方向升起的太阳,勾勒出了金鸡湖西岸现代化建筑漂亮的轮廓线。

整治后的娄江河道，2011

玉龙桥，2019

　　玉龙桥位于昆山玉山镇东门外，跨古娄江，为花岗岩三孔拱桥。始建于公元6世纪南朝梁代，清代重修。现为江苏省文物保护单位。

浏河港，2019

浏河是苏州众多直接入江水道中位置最靠东南的一条，浏河入长江之处的浏河口，也是一处货轮停歇、转运的河港。

繁忙的浏河口，2012

吴淞江

作为曾经的太湖水东泄江海的主要通道，吴淞江是苏州历史最为悠久的河流，是古籍所载的古"三江"之一，它是苏州东部水陆环境变迁的见证。现为黄浦江的支流，其上海段名为"苏州河"。

吴淞江起点瓜泾口，2019

瓜泾口是东太湖重要的出水口，也是吴淞江的起点。现也将瓜泾口至大运河之间的吴淞江河道称"瓜泾港"。

吴淞江车坊段河道水网，2019

距源头瓜泾口10余千米处，蜿蜒流淌的吴淞江与镬底潭（右）、大姚塘（左）等一起构成了稠密的水网。

吴淞江张浦段河道曲流，2019

千百年的流淌演化，使吴淞江具有了自然河道所特有的曲流现象。历史上这些曲流在抵御海潮对吴淞江沿岸的侵袭中起到了阻挡和缓冲作用；但曲流严重时会影响河流在排洪、航运方面的效率，自然或人工的截弯取直则会改善这种情况。这些截弯后保留下来的河道，是记录吴淞江历史的重要遗迹。

吴淞江桑田岛附近的河道截弯，2019

在吴淞江的局部，还存在着因土地整备而实施的截弯取直。

太浦河

太浦河是新中国成立后规划的排泄太湖洪水的专用河道，还能兼顾排泄浙北杭嘉湖地区的涝水。全长近 58 千米，其中江苏段长 40 余千米，基本沿原有水道开挖拓浚而成，沿途联通湖荡 20 个。太浦河一期工程自 1958 年开工，1960 年江苏段竣工；续建工程于 1978 年启动，1987 年年底江苏段工程完成；1992 年至 1998 年，太浦河全线拓浚完成。太浦河还是江苏、浙江、上海之间水运的重要通道。

太浦河口，2019

太浦河口三角形沉积区的形成，有自然的因素，也与人工围垦等有关。

太浦河平望段，2019

太浦河平望段是重要的水运节点，与大运河、頔塘航道等在平望附近交汇，沟通了苏、浙、沪之间的水上交通。

太浦河黎里段，2019

太浦河芦墟段，2019

重载的运输船从东向西经过芦墟大桥，2019

大型运输船正准备通过芦墟大桥，2019

自西向东的大型运输船在让重船先行通过后，准备通过芦墟大桥。船家称此船载重可达 2 000 吨。

太浦河在太阳岛汇入泖河，2019

太浦河（左侧远处）东端在太阳岛附近与拦路港相汇后称"泖河"，进而向东南（画面近处）汇入黄浦江。

白茆塘

白茆塘在明代时就是常熟最重要的入江水道，现为阳澄地区北部五大通江河道之一，起自常熟城区小东门附近环城河连接处，沿途经过藕渠、白茆、支塘、东张等乡镇，至白茆口入长江，全长近 42 千米，经历代疏浚，具引排、航运等功效。

常熟白茆塘起点，2019

与常熟小东门环城河的连接处，是白茆塘的起点。

古桥遗迹，2019

常熟小东门外原有古镇藕渠，旧时"藕渠渔乐"为虞山十八景之一。横跨白茆塘的古桥抗战期间毁于战火，后经修复用于行人通行。公路桥建成后，古桥仅留存桥墩遗迹。

常熟东南郊的白茆塘，2017

白茆塘自常熟城起，到支塘镇之间，流经地势低平的低乡区。

白茆塘和盐铁塘交汇处的支塘镇，2019

常熟支塘镇位于白茆塘和盐铁塘的交汇处，曾是重要的水运节点。镇北经过改造的白茆塘承担着引排、运输等功能，经过镇区的老盐铁塘则保留着古迹旧貌。

支塘虹桥,2019

纵贯支塘镇的古盐铁塘,保留着完整的河岸系统和各种形制的桥梁。

老白茆闸，2019

白茆塘作为承担阳澄地区向长江排水的主要河道，与江潮的关系是历代治水的主要内容之一。五代起，此处就设闸御水，历代不断。至清末民初，社会动荡，设施损毁，以致水涝严重。1936年，扬子江水利委员会投巨资建成钢筋水泥开敞式的白茆闸，后历经日寇破坏和战后修复，目前遗址位于新开挖的白茆塘东侧，为常熟市文物保护单位。

新白茆闸，2019

经过拓浚的白茆塘有了全新的入江河口，河口内建有全新的白茆闸，在水流节制、航运保障等方面发挥着重要作用。

七浦塘

七浦塘起自阳澄湖北岸双庙口，传统河道经石牌、任阳、直塘、沙溪、浮桥等乡镇，在七丫口入长江，全长约49千米。近年新辟入江水道，自直塘镇西约2千米处向东北，经归庄、璜泾附近，于荡茜泾入江，长度略减为45千米左右。七浦塘自古以来就是阳澄地区主要的入江水道之一，自宋至清曾大浚46次，入江古闸屡废屡建。新中国成立后，七浦塘又经3次拓浚。1999年重建七浦闸以确保水利安全。

新老七浦塘河道，2019

新开的七浦塘河道（左）与传统的七浦塘河道分流处。

直塘市河，2019

太仓直塘镇位于七浦塘和盐铁塘交汇处西侧，曾经是重要的水运节点。七浦塘流经镇区成为该镇市河，至今沿河仍保存着旧时风貌的老街，临水而建的民居呈现着低乡地区的特色。

直塘镇俯瞰，2019

七浦塘与盐铁塘交汇处的直塘，有204国道通过。相比繁忙的公路运输而言，水运已明显式微。镇北有新的七浦塘河道。

七浦塘畔沙溪古镇，2014

太仓沙溪古镇沿古七浦塘两侧分布，可见传统的古镇与河道的关系。

古镇老桥，2014

　　沙溪古镇是国家级历史文化名镇，为高乡古镇的代表，如今吸引着不少游客前来观光。

七丫口，2019

七浦塘旧时也称"七丫浦"，太仓浮桥镇附近的七丫口是其传统入江之处。早年这里是长江航运和七浦塘航运之间的联结点。

江南运河

"江南运河"是人们对大运河长江以南段的称呼,苏州位于其最重要的节点上。苏州与镇江间的大运河呈西北—东南走向;苏州与杭州间的大运河总体呈南北走向。江南运河在苏州境内可分为四段,大致以枫桥、宝带桥和平望镇为界。

● 苏锡段 ●

大运河自沙墩港北侧丰乐桥(曾称"五七桥")连接无锡段,往东南至枫桥上塘河口附近为苏锡段。此干流基本为单一直线,所经古镇有望亭、浒墅关和枫桥,现存重要的古迹有浒墅关文昌阁、十里亭等。

望虞河水利枢纽段繁忙的运河航运，2013

望亭水利枢纽位于大运河与望虞河交汇处，为保证繁忙的大运河运输和望虞河的排洪、引水等功能互不干扰，采用了水道立体交叉的形式——望虞河水道从大运河河道下方穿行而过。图中两侧清水即为望虞河。望亭水利枢纽于1994年投入运行，2010年为适应"引江济太"工程的需要而进行了改造。此处还是大运河苏州段与无锡段的交界点——传统上以望虞河沙墩口为界，而依行政区域则以丰乐桥（远处蓝拱悬索桥）为界。

望亭发电厂，2011

大运河畔的望亭发电厂是新中国成立后早期建设的火电厂，运河为其能源提供了重要的水上运输保障。

望亭历史文化街区，2019

望亭历史文化街区新建于望亭运河公园内，通过修建望运阁、望亭驿、御亭，迁建问渡桥、皇亭碑以及文物保护单位沈宅，将望亭古镇有关大运河的要素进行相对集中的保护和重现。

大运河畔文昌阁，2019

苏州高新区浒墅关兴贤桥附近的文昌阁是近年修复的明代道院。因扼守运河要隘，太平天国时期在此设有太平军营垒，现为苏州市文物保护单位。

十里亭，2009

十里亭始建于明代，清代重建，内有青石古碑。石亭现背靠货场，面向大运河，对岸是山塘河西北端与大运河的连接处，但其所面对的水系已不甚清晰。

古城段

江南运河自枫桥至宝带桥北新老运河交汇处为古城段。此段大运河原先主要依外城河过苏州古城，后因运河水运需求提升、运量增加，运输船只吨位变大，航道等级不断提高，先后形成了三条主线：其一为大运河城区故道。大运河干流自枫桥经上塘河往苏州古城，到达苏州最为繁华之所在——阊门，此段河道又称为"阊西运河"。向浙江嘉兴方向的运河航线沿外城河傍苏州古城而行，由阊门，经胥门、盘门、吴门桥、灭渡桥（今觅渡桥），至宝带桥。此为中华人民共和国成立之前，大运河经过苏州城的主要线路，历史最为悠久，对苏州经济、文化影响最为巨大，沿岸留存的古迹也最多，其中不乏近代工业的遗存。其二为大运河新线的过渡线路。20世纪50年代后期，由枫桥向南，拓宽原有河道，形成大运河新航道，并于横塘汇胥江后折向东，借整治后的胥江河道在胥门附近入苏州古城外城河，再接原先往嘉兴方向的航线，成为一段时间里大运河苏州段的主要通道。此线路进一步将横塘、枣市街等老镇老街元素纳入大运河范畴，强化了横塘驿站、彩云桥等古迹的大运河属性。其三为大运河新线。20世纪80年代末以后，自横塘经石湖北，过五龙桥南侧，沿澹台湖一线，新挖东西向河道，于宝带桥北侧汇入运河故道，形成苏州古城段现行的大运河航线。

大运河上塘河口，2019

　　上塘河口的寒山寺普明宝塔，历史上曾三次被毁，20世纪末最近一次重建，是大运河自北向南进入苏州枫桥的标志性建筑。

枫桥和铁铃关，2019

　　枫桥和铁铃关是自西北方向进出苏州城的水陆关隘。自城外陆路过枫桥、进铁铃关就进了苏州城；自大运河由水路向南过了枫桥就进入了枫桥塘，通往更南的横塘方向。

从枫桥到江村桥,2019

画面中,从左到右分别为枫桥、铁铃关、枫桥老街、寒山寺和远处的江村桥,这里正是唐代诗人张继《枫桥夜泊》中的场景。

下津桥，2019

上塘河是联结枫桥和阊门的东西向河道，曾经是大运河进出苏州古城的主要通道。上津桥和下津桥是上塘河上的两座古桥，目前为苏州市文物保护单位。

阊门外上津桥,2019

夕阳映照着上津桥桥孔,2019

阊门外大运河全景之一，2019

阊门外大运河全景之二，2019

阊门外的苏州古城外城河，是大运河故道经由山塘河、上塘河进入苏州古城的地方。此处因汇聚了外城河南、北河道，以及上塘河、山塘河，还有流经阊门水城门的内城河这五个方向的水道，被描述为"五龙会聚"，旧称"沙盆潭"。上图自左向右汇聚的是：外城河向南水道—上塘河—山塘河—外城河向北水道（阊门五龙桥）。下图自左向右为：外城河向北水道（阊门五龙桥）—阊门水城门—外城河向南水道。

胥门外大运河夜景,2019

右侧为万年桥,左侧为胥江航道汇入古城外城河之处。

盘门水陆城门，2019

盘门是苏州古城仅存、国内唯一的水陆城门遗存，是大运河沿线最重要的古迹之一，为全国重点文物保护单位。

灭渡桥，2019

灭渡桥位于苏州古城区东南角，始建于元代。因桥建成之日免去了众人在此舟渡的艰险，故以"灭渡"为桥名。此桥明、清重修，桥身斑杂武康石、青石、花岗石等不同石料，20世纪80年代修复石栏，目前为江苏省文物保护单位。大运河故道自苏州古城外城河经此向南进入吴江方向。

"灭渡桥"和"觅渡桥"，2009

灭渡桥桥名后逐渐被讹音为"觅渡桥"，古灭渡桥近侧修建公路桥时即以"觅渡桥"为名。

大运河主线与胥江在横塘交汇,2019

20世纪80年代末以后,新的大运河航线南迁,胥江不再承担大运河航运任务。图中大型运输船正驶在横塘驿亭和彩云桥畔的绕过苏州古城的大运河主航道上。

大运河与越来溪交汇处,2018

在与越来溪(近处右侧)交汇处,大运河河道由南北向转为东西向。图中船只正在航道转向处往东航行远去。

古五龙桥，2019

　　古五龙桥跨吴中西塘河（又称"鳖塘""大龙港"），桥南侧的澹台湖已成为大运河绕苏州古城南线主航道。

宝带旧影，约 1990

　　当时宝带桥西侧还有一座平行的公路桥，桥西澹台湖与桥东大运河之间尚有船只通行。与当时正在经过的船只相比，宝带桥主桥孔显得相当高大。

宝带桥俯瞰，2019

随着现代水运船只的大型化，古老的宝带桥不再具备通航条件。图中场景形象地说明了大运河航运技术的惊人发展。

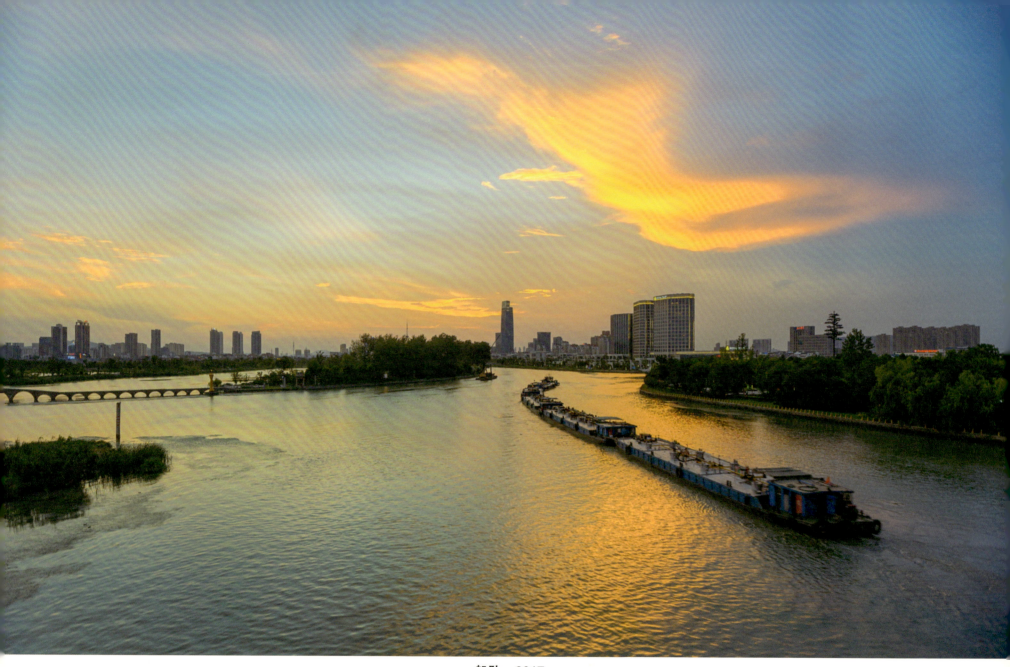

船队,2017

晚霞中,由斜港开往大运河绕城主线的船队正在经过宝带桥北侧。

斜港大桥和宝带桥，2019

从东向西俯瞰宝带桥区域：最近处为新斜港大桥；左侧稍远处为宝带桥和澹台湖遗迹；远处右侧来自石湖方向的大运河东西向新航道，在宝带桥北面与来自灭渡桥方向的大运河故道相交汇。斜港大桥向东，则为连通斜港、镬底潭、急水港、淀山湖一直到"三泖"和松江地区的水道。

苏浙北段

大运河自宝带桥至平望镇南莺脰湖为苏浙北段。此段大运河干流水系相对简单，原先河道基本无大的分支和变化。干流沿线重要古迹除宝带桥外，还有吴江区松陵的三里桥、九里石塘，以及平望古镇的安民桥、安德桥等。需要说明的是，大运河在吴江区平望镇北与太浦河相汇，运河新航道建设时，从此交汇点向西借1.5千米太浦河为大运河航道，并向南新开航道3千米，进入并列于莺脰湖西侧的草荡，由此保留了平望镇区2.2千米的大运河故道和1.7千米的頔塘故道。由于莺脰湖在大运河历史上具有特殊的地位，在此仍将其作为分段节点。

保护待修缮的三里桥，2019

三里桥生态公园俯瞰，2019

　　三里桥位于吴江区松陵镇北门外，横跨古运河，元代始建，清代重修，为吴江最高的古桥，随大运河申遗被列入全国重点文物保护单位。为保护三里桥，大运河航道拓浚时在运河东侧新开河道，原三里桥运河东岸部分区域成为两河间的岛状区域，现开发为三里桥生态公园。

九里石塘古纤道，2019

九里石塘古纤道（局部），2019

大运河松陵段的九里石塘是元代至正年间修建的吴江区"运河古纤道"的核心部分，20 世纪 80 年代修复，现为全国重点文物保护单位，也是世界文化遗产"中国大运河"的重要遗产点。

九里石塘，2019

大运河在平望镇穿越太浦河,2019

大运河向南穿越太浦河进入吴江区平望镇,新航道(右)在镇西绕过古镇。镇内运河故道仍保留着原貌。

平望安德桥，2019

安德桥位于古頔塘汇入运河故道处，是大运河苏州段的重要节点之一，现为全国重点文物保护单位。古頔塘向西经吴江区震泽连接浙江南浔、湖州，是江浙间大运河三条支线中的西线。

苏浙南段

大运河自吴江区平望莺脰湖至浙江界为苏浙南段。平望向南、向西，处吴头越尾之地，历史上形成了大运河的三大支线，通向京杭大运河南端的杭州。其一为东线，大运河平望以南的千年故道。苏州吴江境内，自平望经黄家溪，至于浙江王江泾镇。沿线无明显古迹遗存，原有绸市黄家溪因遭受兵燹而毁坏，至今仅遗古迹泰安桥。其二为中线，大运河水运的新干线。自吴江区平望至浙江桐乡乌镇北侧的油车墩，是20世纪80年代运河航道改造后，以烂溪塘为基础拓浚而成的当今运河主线。当时的"苏南运河"工程南端的鸭子坝作为水利和航道建设上的节点标记，较受今人关注。其三为西线，大运河重要支线。此线即为頔塘，自平望经梅堰、震泽，接浙江湖州南浔古镇，曾经也是大运河水系中的主要航线。古镇震泽保留有干流沿线的重要古迹，体现出历史传承和现代利用并重的状态。

平望莺脰湖,2019

莺脰湖位于平望镇南,在大运河的历史上具有特殊地位。经过平望的大运河向南入于此湖,同时,这里还集散了通往浙江嘉兴的大运河故道(左前方)、当今大运河主航道烂溪塘(右前方)以及西去浙江湖州的頔塘。

盛泽黄家溪泰安桥,2009

黄家溪位于江浙间大运河三条分支的东线沿途,曾是大运河畔的重要绸市。明代,泰安桥头已经出现丝绸生产雇工的现象,被认为是资本主义经济的萌芽。太平天国时期黄家溪毁于兵燹,从此逐渐衰落成乡村。泰安桥目前为苏州市文物保护单位。

烂溪塘鸭子坝，2019

自吴江区平望镇通向浙江乌镇方向的烂溪塘目前是大运河航道主线，也是江浙间大运河三条分支的中线。自鸭子坝向南，江苏、浙江各居一岸，因此鸭子坝也就成了"苏南运河"工程建设时的南面端点。江苏的大运河沿岸，由此向南延伸至近浙江乌镇的油车墩。

震泽新老頔塘和禹迹桥,2019

　　頔塘是大运河江浙三条分支的西线,大运河由此向西连接浙江南浔、湖州。震泽古镇位于古頔塘两岸,是江苏大运河頔塘支线的门户。承担现今河运的新頔塘则绕镇北而过,文昌阁附近是新老頔塘的东交汇处,如今其附近还有慈云寺、禹迹桥等文物古迹。

水乡人文

在数千年的水乡生活中,人们不断认识、适应水乡环境,并安居于此,从搭建房屋到筑造大城,从遮体果腹到游园赏景,从蛮荒之地到经济重心,得益于水的恩泽,水乡苏州形成了丰厚的人文传承。

苏州古城是水乡人文传承中适应自然、改造自然、利用自然的典范。2 530多年前的古城,经过当年造城者"相土尝水,象天法地"的细心勘察和精心规划,充分兼顾了水乡环境特点与城市功能的需求,建成以后城址基本没有改变,延续至今,也就是说,古城与自然环境之间一开始就达成了某种和谐。同时,从古城内部的架构来看,街河相邻、纵横复合的水道与街道,既牢牢地稳定了古城的结构和位置,更是将古城居民的生活、交通和引排水有机地结合起来,充分显现了水乡城市的特色,苏州古城的"双棋盘"格局堪称水乡城建的经典。

苏州地区聚集着一批国家级历史文化名镇、名村,其建筑遗产、文物古迹和传统文化集中并较完整地反映了苏州村镇的历史风貌与传统特色。而湖荡水网深处的古村镇成为了这些名镇、名村的主体,既与水乡地区历史深厚的经济和文化积累有关,更与当代经济转型过程中水乡地区特殊的地理环境和发展过程有关。20世纪80年代后,这些地处水乡僻壤、通车不便的村镇,一度发展相对滞缓,却也因此而保留了原汁原味的水乡古村镇的风貌,成为了不可多得的水乡遗产。

苏州留存着的宋代以来的园林独步天下。在明清时期文人追崇"城市山林"的风尚中,苏式园林在叠山理水方面有着杰出的实践,而水景往往是园景核心所在的点睛之笔,因此,对水的改造与利用成为造园必需的手法和技巧。苏州园林之水,多与园外的城市水系沟通、相融。借助水韵,苏州园林在咫尺之间而得天地灵秀之气,充分体现了人与水的关系。

太湖石是负有盛名的观赏石,也是园林建造中"叠山"的重要材料。除了命名与太湖水体有关外,太湖石的产地、成因,更是苏州水乡环境的一种投射。

生活在水乡的人们,在认识、适应、改造、利用环境的历史过程中,形成了极富水乡地域特征的衣、食、住、行特色,并将其中人与水的关系凝练、提升为苏州水乡文化,在水乡特产、传统风俗、节令习惯和文娱活动等方面体现出来。

苏州古城

苏州古城建于公元前514年，至今已有2 530多年历史，城址至今未变。与宋代石刻《平江图》相对照，现今苏州古城的城池框架、街河系统甚至路桥名称等仍与当时高度一致。苏州是我国首批历史文化名城之一，古城街河相邻、纵横有序的"双棋盘"格局堪称水乡城市的经典。

城池掠影

苏州城墙与环绕城墙外侧的外城河、沿城墙内侧的内城河一起，构成了完整的城池系统，在军事防御、排涝防洪和交通运输中起着重要作用，尤以水陆城门的形制独具水乡古城特色。外城河也称"环城河"，既是古城的护城河，也是城周水上运输的环状干道，历史上大运河经过苏州城时通常以阊门—胥门—盘门—灭渡桥的外城河为主线。20世纪50年代，苏州城墙大部分遭拆除，仅余盘门、胥门两座古城门和若干段古城墙。21世纪以来，苏州城墙在遗址的基础上逐步得到修复。

水陆城门

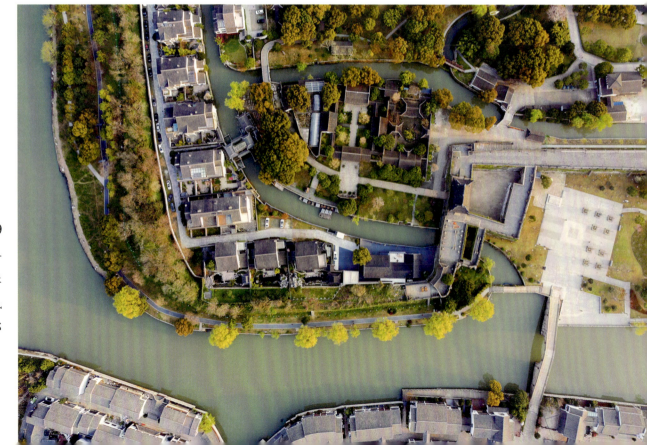

盘门水陆城门，2019

旧时自盘门外进苏州城有水、陆两条路径：水路过水关桥，经盘门水城门，进入内城河；陆路经吴门桥过外城河，再从盘门外城门、瓮城、内城门，进入城内的西大街。水陆城门内，是街河相邻的格局。

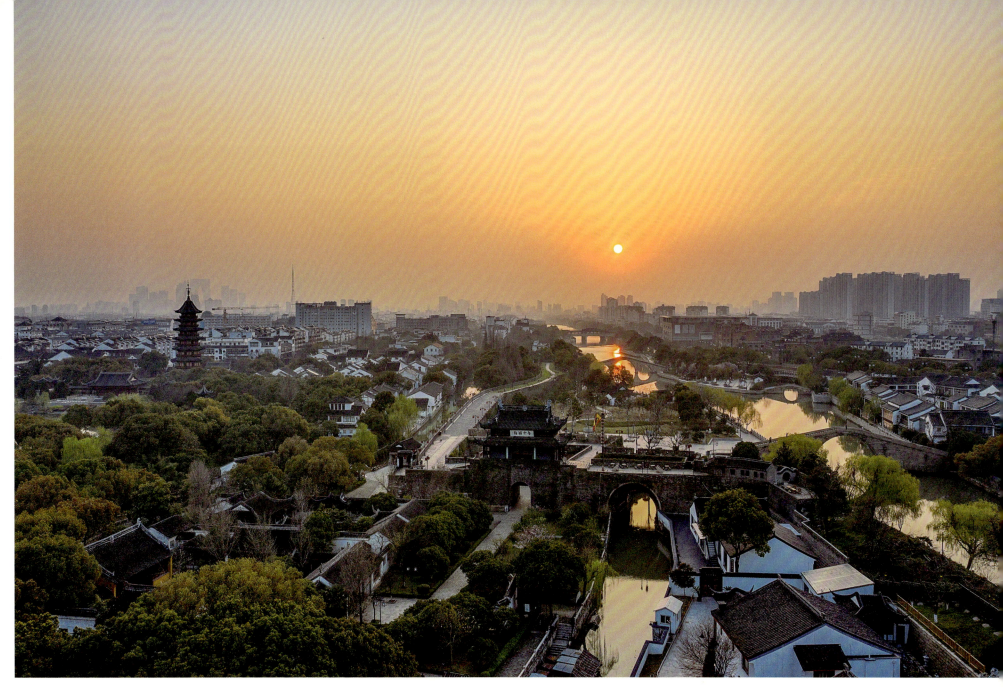

盘门三景及盘门城河水系,2019

苏州古城盘门一带古迹众多,习惯上将吴门桥、盘门、瑞光塔合称为"盘门三景"。内城河出盘门水城门入外城河,并与裕棠桥下的西塘河相连。

盘门水城门，2010

胥门城门，2019

胥门也是苏州古城保留下来的古城门，元代重建，明、清再修，现为江苏省文物保护单位。

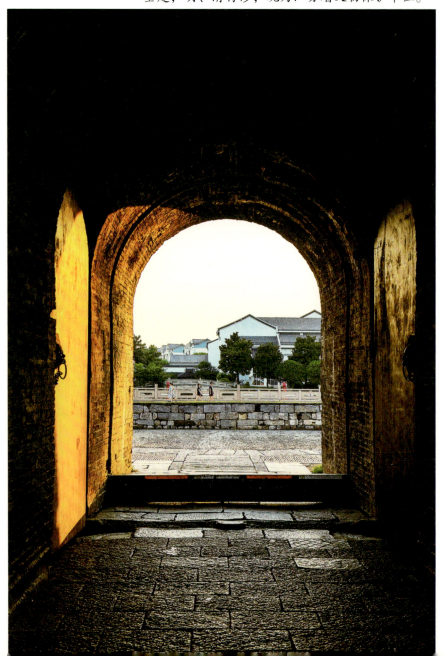

胥门俯瞰，2019

在苏州古城历史中，有很长一段时间，胥门是唯一没有水门的城门。古城初建时，胥门也有水城门，后因直面胥江，太湖来水压力过大，胥门水城门被封闭，至于其封闭年代则说法不一。

胥江水厂旧址，2019

胥江之水来自太湖，约占苏州外城河得到补给的60%，胥门附近就成了苏州城优质水源的主要补给处。苏州早期的胥江水厂就设在胥门附近，目前保留有水塔、沙滤池等遗迹。

胥门外接官厅，2019

胥门外城河北连阊门、南接盘门，历史上是大运河主航线的必经之地，加之西接胥江、太湖，并且在横塘与大运河枫桥塘相通，运输发达，人们往来便利。胥门外"接官厅"是旧时迎接外来官员的主要场所。

● 古城风貌 ●

阊门水城门，2017

　　老阊门在20世纪50年代被拆毁。现阊门水城门和阊门城门、城楼重建于21世纪初。

新平门风貌，2013

新平门作为古城墙保护修缮工程项目，于2012年修复完成。平门新址隔外城河正对火车站南广场，沿河建有便于市民活动的亲水平台。

齐门东段城墙景观，2013

齐门水陆城门自20世纪50年代被拆除后未曾修复。沿外城河自齐门旧址往东，是一段重修的景观城墙。

新娄门景观，2013

新娄门于2013年修复，位置相对原址北移，无水城门。

从外城河东侧看修复前的相门城墙位置，2010

相门城门修复工地，2012

新相门城门和外城河,2017

相门城墙、水陆城门和城楼景观修复于 2012 年,是古城墙保护修缮的一项重要工程。

葑门遗址，2019

葑门，今在原城门位置建有局部遗址景观。在20世纪50年代后，葑门是苏州古城门中水系变化比较大的地方。

旧城堞影，2019

古城东南角的"旧城堞影"是 21 世纪初环古城河风貌带建设时首批修复的城墙景观。

古城经典

水陆并行、街河相邻的"双棋盘"格局以及枕河民居，是苏州古城千百年不变的经典城建风貌，也是苏州古城保护和文化传承的核心内容之一。

[清] 嘉庆《苏郡城河三横四直图说》碑，2016

苏州古城河道干流水系"三横四直"之说，主要源自镌于清嘉庆二年（1797）的《苏郡城河三横四直图说》碑，此碑现存于景德路城隍庙工字大殿外墙。碑上刻有当时苏州古城内以三横四纵共七条河道为主干的水系分布情况，并标出了城墙、内城河以及主要的桥梁、寺观、衙署等重要建筑的位置，反映了清代苏州的水城风貌。

学士河，2019

　　学士河北起中市河，南至盘门水城门外水关桥处接外城河，长约3.4千米，是苏州古城"三横四直"干流水系中的第一直河，也是其中现存最长的一条河。从歌薰桥向北看学士河，枕河的新居建在古老的驳岸上，不失为一种很有意味的传承。

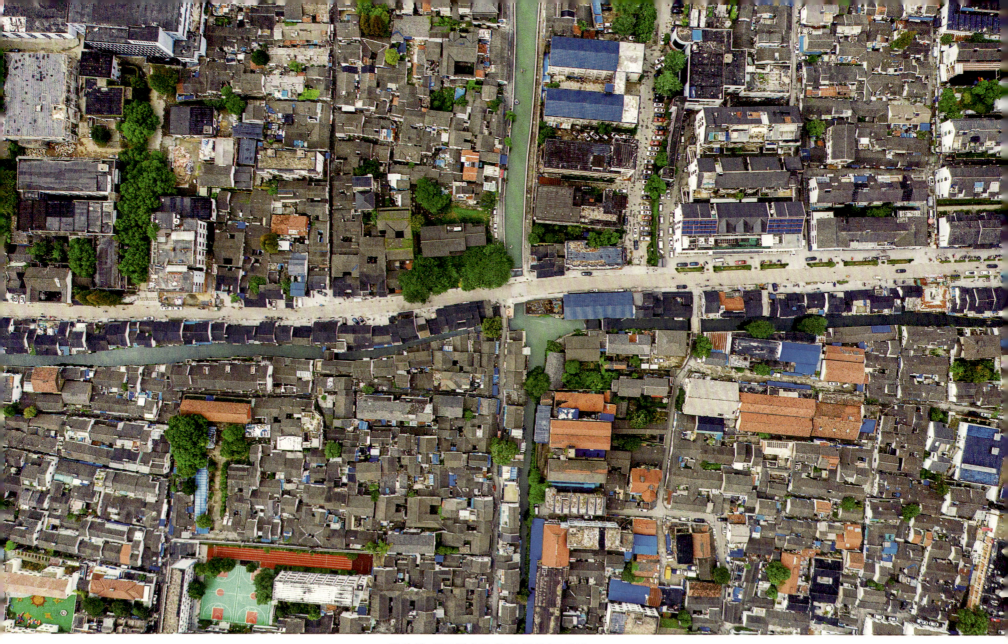

桃花坞"双棋盘"格状的街河系统,2019

苏州古城内,东西向的横河与南北向的直河构成了纵横交错的网格,状若棋盘;与河道相邻的街道,也同样构成网状的棋盘。此即所谓"双棋盘"格局的街河系统。图中横向河道为桃花坞河,是苏州古城"三横四直"干流水系中的第一横河,河道北侧为桃花坞大街;纵向河道为第二直河的平门河,沿岸有河沿街等老街。第二直河平门河今在东中市以南已不复存在。

临顿河，2014

临顿河南起干将河，北至东北街与西北街路口的桃花坞河，此段长约 1.6 千米。再往北为齐门河，其北端原有齐门水城门，连接外城河，人们有时也将此段统称在临顿河名下。临顿河为古城"三横四直"干流水系中的第三直河。

平江路，2018

　　平江路街区，是苏州古城风貌保留得最好的区域之一，这里常年吸引着大量游客来此一睹苏州水城的风采。与平江路相傍的平江河，是古城"三横四直"干流水系中的第四直河。

平江路胡厢使巷，2011

平江路大新桥巷，2019

干将河，2019

干将河是苏州古城"三横四直"干流水系中的第二横河，旧时为街河平行、小桥流水、人家枕河的古老水城景观。20世纪90年代初，在古城区内拓出3千多米长的新干将路，合并了原有的铁瓶巷与通和坊等一批街道、小巷和里弄，形成了中间为河道、南北两侧为交通主干线的全新格局。

饮马桥西道前河,2018

道前河是苏州古城第三横河府前河的西段,沿途是明清时期衙署集中的地段。20世纪50年代后经多次拓宽改造,形成了现在河道一侧(北侧)临街的格局。道前街秋末冬初金黄的银杏是如今苏城的一景。

飞虹小筑，2019

飞虹小筑位于人民路饮马桥东侧，跨苏州古城第三横河府前河的中段。飞虹小筑的核心是跨河连通南北两侧临水建筑的廊桥，是水城"枕河人家"格局的典型写照。在20世纪90年代初的城市改造中，这里的建筑格局得以保留，只是民居变成了商铺。

吴衙桥上看十全河，2019

苏州古城"三横四直"干流水系中，第三横河全段一般统称为"府前河"，十全河是其东段。自吴衙桥向西看，十全河处于南侧（图中左侧）十全街与北侧（图中右侧）吴衙场之间，为河道水巷两侧先为建筑、再为街巷的格局。

盛家带，2019

　　葑门位于古城东部偏南，原是古城区水系向东、南汇水外泄的主要出口。盛家带一线，平江河自北向南转向东南到达葑门，其弧形的河道在古城水系中相当特别，是第四直河往南的延伸部分。

山塘河通贵桥旧影，约 1986

山塘河通贵桥，2010

山塘河两岸的河埠、临水阳台等都基本保存了原有的风貌。

山塘河星桥西北望,2009

山塘河杨安浜临水老宅的河埠，2017

山塘河、山塘街一带是苏州水乡传统风貌保留得最完好的区域之一。

水城印痕

苏州古城的内外城河水系，在20世纪50年代拆除城墙后也受到波及被部分填埋，有的局部只留城河痕迹，有的水系格局被彻底改变。

中张家巷，2012

平江历史街区的中张家巷原为北街南河格局，是街河相邻的"双棋盘"上的两道"横线"。20世纪50年代苏州古城城墙被拆除，古城内十余条河道被填平或改作他用，这里西连平江河、东接内城河的河道也是其中之一。此河被填平之后，与北侧平行的街巷一起合成了有近六十年可通行载货卡车历史的中张家巷。

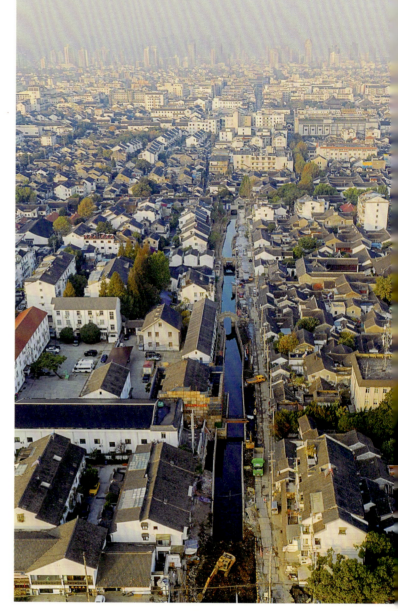

恢复的中张家巷河，2019

正在实施恢复工程的中张家巷河将再次沟通平江河与古城东侧内城河，同时经由新相门北端新设的水城门与外城河直接相通，从而在沟通古城水脉、保护古城环境、再现苏式生活过程中起到积极作用。

尚义桥泵站口的阊门内城河，2019

阊门北外城河与内城河，2019

阊门内城河（画面下部河道），原是古城完整的内城河的一部分，其中向北（画面右侧）延伸的部分在古城墙拆除时被填埋改造为住宅和平四路，这一状况经过平门、齐门一直延续到娄门。阊门内城河通过尚义桥泵站与外城河水系相沟通。

平四路新平门南侧,2012

新平门的古城一侧为平四路,这里原是内城河的位置。

葑门至灭渡桥区域俯瞰，2019

葑门到灭渡桥段，是古城水系改变最大的地方。因葑门以南的外城河不能满足物资水运的需要，20世纪70年代初，在现南园泵站以北的内、外城河之间新开河道，与葑门以北的外城河连接成宽直水道，同时拓宽南园泵站以南的一段内城河，更打通古城东南角内城河至外城河之间的城垣，形成了直通南北的新航道，并建成葑门新港。此举在古城东南侧分离出现今的"长岛"区域，原古城东南的城池水系被彻底改变。

古城东南河道现状，2019

从空中俯瞰，原外城河与内城河之间古城墙的位置现为长岛的绿化区；新建"旧城堞影"景观北段为水城门，古城南部内城河经此连接城外水体；古城区域总体向东南方向的水流状况清晰可见。

向北俯瞰古城东南外城河，2019

古城东南角外城河南侧，为古灭渡桥。隔外城河与灭渡桥相对的，为环古城河风貌带建设时修筑的"旧城堞影"景观和长岛区域。长岛一度为内河航运货场，现其南部已辟为绿化景观，北部建有住宅区；长岛东侧为原外城河，西侧与城墙景观之间为新辟航道。

古镇古村

苏州有一批国家级历史文化名镇、名村，其建筑遗产、文物古迹和传统文化集中而较完整地体现出苏州村镇的历史风貌与传统特色。尤其是湖荡水网深处的古镇，20 世纪 80 年代后曾因陆路交通不便而一度发展滞缓，却也因此保留了水乡古镇原有的风貌，如今成为不可多得的水乡遗产。

水乡古镇

苏州现有的 15 个国家级历史文化名镇中有 10 个分布在水网区，其中第一批列入的 3 个古镇（周庄、同里和甪直）全部在水网区的淀泖地区，充分显示了苏州水乡深厚的历史底蕴。

● 周庄 ●

周庄俯瞰，2019

昆山周庄位于水乡腹地、白蚬江畔，正处于苏州与松江之间水上交通的要道上。这里河湖环绕，舟楫便利，而陆路连接外界主要靠镇西贯通南北的公路。此照片拍摄时正值此南北通道修桥铺路，因而南北之间的陆上交通必须远程绕行，使人真正体验了水乡所特有的交通状况。

周庄双桥，1991

20世纪90年代初，周庄旅游业刚刚起步。

周庄双桥，2009

周庄水巷，2009

周庄临河街巷，2009

同里

同里古镇，2010

　　吴江同里位于同里湖畔，有同里运河与大运河相通，水运便捷。镇区内河道纵横，多老宅，多小桥，以"小桥、流水、人家"著称，其"走三桥"祈福的习俗也为水乡所独有。

同里三桥（自上至下为太平桥、吉利桥、长庆桥），2019

同里有"走三桥"的习俗。婚嫁之时，新人在鼓乐声中喜气洋洋地绕行三桥祈福；老人过66岁生日时，吃过寿面后也要来走这三桥，以图吉利长寿。

同里水上旅游，2019

甪直

甪直和丰桥，2017

吴中区甪直古镇位于吴淞江与澄湖之间，有甫里塘与吴淞江相通。古镇内三条主河道与多条支河构成水网，各式桥梁散布其上，名人古迹随处可见。和丰桥是甪直现存历史最早的古桥，始建于宋代，至今其穿梁等构件仍为旧时的武康石。和丰桥历经数次重修，桥拱圈和金刚墙主要是明代重建时的青石，桥栏在2008年再修时换成了新的武康石。

甪直游船，2013

甪直临河老街廊棚，2010

身着水乡传统服饰的船娘，2010

锦溪

锦溪俯瞰，2019

国家级历史文化名镇昆山锦溪深居水乡腹地，镇北分布着澄湖、万千湖、杨民田湖、白莲湖等湖泊，镇南则有因陈妃水塚而得名的陈墓荡，所以历史上锦溪在很长一段时间里以"陈墓"为地名。

锦溪里和桥，2009

锦溪清晨待发的游船，2011

锦溪新修复的水巷，2011

湖畔乡村

苏州被列入国家级历史文化名村的 5 个古村均分布在太湖的东山、西山和三山，水乡的大环境是其形成和传承的基础。大量的水乡景观，更多地散布在普通的乡村之中。

陆巷村口寒谷古渡，2019

陆巷古村位于吴中区东山太湖边，是苏州首批被列入中国历史文化名村的两个古村之一。

明月湾村口水系,2019

明月湾位于吴中区太湖西山岛,也是苏州首批被列入中国历史文化名村的古村落。

明月湾太湖古码头，2018

荻水烟雨，2012

相城区凤凰桥北的荻水桥畔，阳澄湖西一个很普通的村子，在春天的烟雨里也有着江南水乡最好的景致。

园林水韵

追崇"城市山林"的苏式园林离不开水,"理水"是苏式园林造园最重要的手法之一,水的景致往往是苏州园林造景的核心。借助水乡四季的植被,园林风光更是多彩多姿。而基于水乡背景的"石舫",在园林里也是最常见的元素,既是古典建筑精美的集合,更寄寓造园者的精神追求。

● 拙政园 ●

拙政园的香洲是江南园林中常见的石舫之一,造园者借水景寄情。舫上建筑集亭、台、楼、阁、榭于一体,是造园中的神奇手笔。

园林春早,2011

荷塘深处，2018

骤雨疏风，2013

香洲冬雪，2011

暖阳飞虹,2013

园林水体上架桥,可作沟通,可作景致。小飞虹的廊桥形式很是独特。

荷风四面亭，2013

在不同的季节里看荷风四面亭，体会"四壁荷花三面柳，半潭秋水一房山"的水乡意境。

新绿掩映，2018

荷风四面，2016

半潭秋水，2015

晴雪天光，2018

卧波水廊，2013

　　拙政园西花园东墙，游廊近水而架，曲折婉转，如水波灵动，被称为"波形水廊"。

波形水廊码头，2018

　　自河对面看波形水廊，中部平台是一个贴水的小码头，园里的人们在此临水登舟，也是亲近水乡生活的一种寄托。

绿漪轻舟，2018

● 留园 ●

濠濮观鱼，2015

明瑟楼和涵碧山房，2018

观明瑟楼和涵碧山房，依稀可见舫的身影。

春日蓬莱，2018

留园秋意，2017

狮子林

石舫真趣，2013

雪映湖心,2018

沧浪亭

沧浪之水，2015

沧浪亭在水体布局中独具匠心，是少有的直接将园外水体风光纳入其景观系统的园林之一。

花窗·菱花,2015

沧浪亭内,步碕亭周边连廊的漏窗是一大特色,漏窗图案多有水乡的元素。

网师园

彩霞池，2015

彩霞池是网师园的精华所在，池边的月到风来亭堪称经典。

彩霞池南，2018

彩霞池东侧，2017

彩霞池东，半山亭和射鸭廊相连，乍一看恍如石舫。

退思园

退思草堂，2019

闹红一舸，2019

苏式园林都有池水，池水之滨多有石舫，退思园也不例外。

● 耦园 ●

内城河边耦园的高墙深院，2017

耦园北墙的河埠，2016

高墙大院一角的河埠，方便了出行。

听橹楼，2016

"大隐隐于市"。静听墙外内城河中过船的橹声，也是一种生活的追求。

● 艺圃 ●

水波浩渺，2017

悠然池鱼，2009

湖石假山

太湖石是我国最具代表性的一种传统观赏石。它虽是石，但从其成因、命名和应用看，均与苏州的水有着莫大的关联。这类由石灰岩经水流溶蚀后形成的独具美感的巧石，以产于苏州太湖西山一带者为最佳，故名为"太湖石"。究其成因，在太湖西山东部一带，沿湖分布着大量石灰岩地层，这些石灰岩在太湖波浪水流的冲刷淘蚀之下，可溶的岩性使之在受到外力的改造之后，成为"皱、瘦、漏、透"的玲珑石。太湖石是人们造园叠山最常选用的石材，几乎是"无园不石"，也几乎是"无石不园"。宋时造艮岳，搜掠太湖奇石而致"花石纲"之扰是其极端的例子。在苏州，太湖石和苏式园林相互成就，共为经典。

冠云峰,2015

冠云峰位于留园东北部,外形刚柔相济,亭亭而立,集太湖石"皱、瘦、漏、透"四大特点于一身。相传为宋代花石纲遗物。

瑞云峰,2013

瑞云峰也为花石纲遗物,采自太湖,未及北运而滞留江南,处所数度变更,最后从留园迁至当时的苏州织造署花园,也就是现在的江苏省苏州第十中学校园内,现为全国重点保护文物。瑞云峰石体涡洞相连,"透"是其最大的特点。

环绣山庄假山，2013

　　环绣山庄假山是太湖石假山中的珍品，其在有限的空间里，实现了无限变幻，集自然山体的峰峦、洞壑、深谷、危崖等景观于一身，回环曲折，变幻莫测，意境深远，竟成"天然画本"。

太湖三山岛十二生肖石（局部），2008

太湖三山岛的十二生肖石是其传统景点之重要者，须登船观之，今人多无缘得见。此局部如老鼠伏于水面，形态传神。从成因来看，当是太湖石成因的直接例证——图中水面所在之处，正是这些临近湖面的石灰石被太湖波浪侵蚀比较集中的位置。流水作用对太湖石形成的重要性由此可见一斑。

水乡生活

对世代生活在水乡地区的人们来说，认识并适应水乡环境，与水环境和谐相处、安居乐业是其最基本的追求。在此过程中，人们不断积累生产经验、提升生活品质，经过时间的淘洗和积淀，形成了独具水乡特色的文化。

太湖开捕，2011

　　为保护太湖渔业资源，维护太湖生态环境，每年二月至八月为太湖禁捕期。到八月底九月初太湖开捕时，人们常常会举办各种渔俗文化活动，展示发展新理念、渔民新生活，成为太湖旅游形象的文化名片。

太湖帆船，2019

　　以风为动力的帆船是旧时太湖渔业捕捞和货物运输使用的主要船只，现一般只见于太湖渔文化传承活动和太湖风光展示等场合。在帆船集中的太湖开捕节上，多见三桅和五桅帆船，有时也能看到七桅船。

高踏网，2011

由两条大船拖动的高踏网是太湖捕捞中最大的渔具。

专捕银鱼的"飞机网",2011

"飞机网"是专用于捕捞太湖银鱼的网具,此网架设于渔船两侧,就如飞机的一对机翼。

放虾笼,2012

虾笼,水乡常见的渔具,用于捕获河虾和小型鱼类。

"鸡头米"，2010

芡实是苏州水生特产"水八仙"中最具代表性的一种，因其果实外形像鸡头而俗称"鸡头米"。产于苏州的鸡头米因品质出众被专称为"苏芡"，旧时又以产于苏州葑门外南塘者最为珍贵。

手工剥制的芡实，2019

采摘芡实,2017

鸡头米从种植到采摘都是技术含量高又极其辛苦的劳作。采摘时要站在泥水之中凭经验判断出果实的成熟程度,然后用特制的竹刀精准地割下球果。

珍珠养殖，2009

相城等地河荡密布、水网交织，历史上就有养殖及加工淡水珍珠的传统。尤其渭塘一带，民间有着代代相传的珍珠加工手艺，被誉为"中国淡水珍珠之乡"。

采红菱，2010

江南水乡采红菱的典型传统场景，应该是由年轻女子来担任主角的，而今这样的场景越发不可得见了。

蹚螺蛳，2011

　　螺蛳是水乡人特有的美食，传统的捕捞方式就是蹚螺蛳。一根蹚杆，一张蹚网，一条小船，两位老人，这样的场景现下已很难见到。

舞蹈《担鲜藕》，2010

　　人们在长期的水乡生活中形成了不少具有水乡特色的文体活动，诸如划旱船、唱船歌、打船拳等。《担鲜藕》则是20世纪80年代创作的具有浓厚水乡气息的新型民间舞蹈。

和谐发展

自从文明之光在这片水乡泽国激露,人类在苏州水乡生活的历史已逾万年。人们从大自然的一分子开始,适应水乡环境,治理水乡环境,积累了丰富的水利经验,创造出了灿烂的吴地文化。在着眼于可持续发展的今天,生态文明建设备受重视,借鉴过往水利建设的经验教训,可以使苏州水乡焕发出新的光彩。

大自然的运行有其特有的规律,地壳运动、海面升降是自然变迁中常见的现象,沧海桑田即是其表现之一。作为苏州水系发源地,烟波浩渺的太湖远古时并非今日之情形——三山岛旧石器时代遗址,说明了一万多年以前的三山实是林草丰茂的陆地上的一座山丘。沧海桑田的本意就说明了人们所处环境的变化,也即"人·地·水"关系中两个自然要素之间的相互影响和转换。

对人类而言,大自然的进化过程一般都是利弊相随的。水带给苏州很多福泽,也会带来不小的隐患。在水乡地区,水患是最常见的灾害——洪涝毁坏耕地,侵害居所,使人类辛勤劳作的成果毁于一旦,是水乡人们的心头之患,历朝历代都以治水为头等大事。一部水乡发展史,几乎就是一部水利建设史。水乡地区的繁荣、稳定和发展从来都与水利建设等因素息息相关。

水,是苏州自然环境第一要素,更是苏州文化传承的精神内核。苏州水乡既有"鱼米之乡"优越的自然条件,也有"人·地·水"关系的矛盾冲突,更有在适应自然过程中形成的丰厚的文化积淀。在推进现代化城乡建设的今天,既要经济发达,又要环境优美、生态健康,已然成为全体苏州人的共识,一个天蓝水美、生活富裕、风物清嘉的新水乡正在建成。

太湖沧桑

　　沧海桑田是大自然的变化之一。所谓沧海桑田的原义,就是说人们所处环境的水陆变换,也即"人·地·水"关系中两个自然要素之间的相互影响和转换。

　　作为苏州水系发源地的太湖,远古时并非当今之情形。那么,太湖是如何形成并演化的呢?

侵蚀,2011

　　流水侵蚀,泥沙沉积,都是自然现象。太湖边波浪和流水的侵蚀造成泥岸的坍塌。

太湖成因

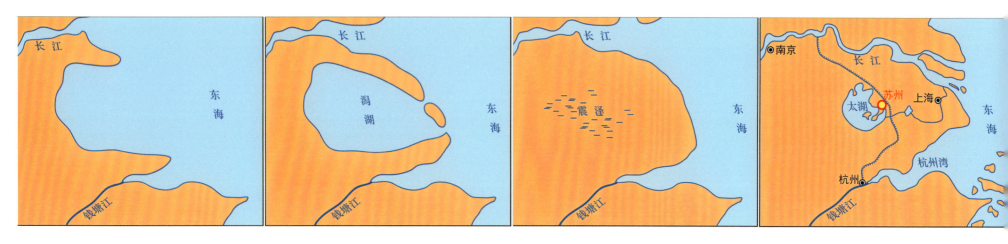

太湖形成示意图

一般认为，太湖的前身是海湾。当海湾被古长江和古钱塘江泥沙沉积的沙堤逐渐围起来后，就变成与海相通的潟湖。久之，潟湖逐渐被泥沙填平，形成湖沼，再成为大河三角洲陆地。三山岛旧石器时代文物的出土，表明其当初陆地的特征。随着沧海桑田的变化，古长江三角洲中部地区出现泄水不畅的情况，低洼地区积水，渐成后来的太湖。

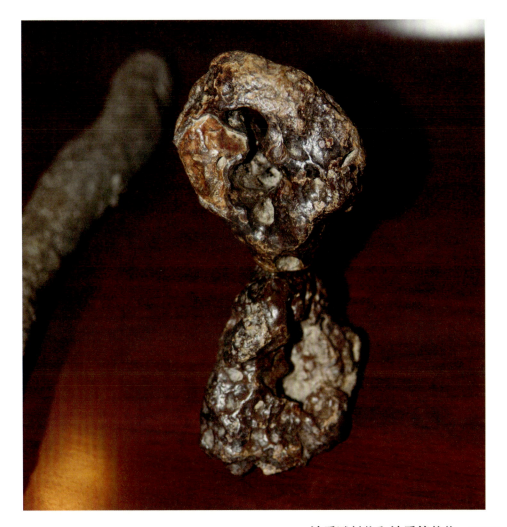 

铁质溅射物和铁质管状物，2010

  关于太湖的成因也有不少其他的假说。如"陨击说"认为，现在看到的太湖，是因陨石撞击形成的陨击坑再积水而成的。支持这种学说的专家的依据是，在太湖周边地区发现了不少陨石撞击的痕迹，如在石湖等湖泊清淤过程中发现的不少铁质管状或其他形状的物体，经高端实验室证实确为陨石撞击的溅射物；在太湖岛屿岩石上，发现不少陨击形成的"冲击锥"痕迹；等等。只是这些陨击的证据只能说明存在陨石撞击的现象，还不足以说明太湖形成与陨击直接相关。关键的深坑并不存在，太湖并非由深坑积水而成。近年，这种假说还提出其他的天体，如彗星撞击形成太湖的不同说法，或可看作其为学术争鸣。

太湖东部

太湖形成和演变的另一个方面，是湖水的宣泄与泥沙沉积之间的关系。一方面，湖水总是流向低处，尤其在出现洪涝时，低洼地区总是先受到影响，成为洪水走廊；另一方面，水中所含泥沙不断沉积，日积月累，原先的低洼之处也会因泥沙的沉积而发生巨大的变化。

从历史上看，太湖东部地区是地貌变化最大的区域。相传大禹治水时，导太湖之水经古吴淞江、娄江和东江入海，"三江既入，震泽底定"，此后，太湖东部地区"人·地·水"关系进入相对稳定的状态。在唐宋之前，吴江松陵到平望一带还是太湖浅水湖湾的一部分，大运河运输的船只在漫无边际的水域航行十分艰险。到宋元时期，因塘路修筑的影响，太湖东泄水势趋缓，泥沙沉积加剧，区域内有陆地浮现，大运河河道形态日渐明晰。与此同时，因太湖泄水变缓对海潮所携泥沙的冲刷作用变弱，以致诸入海河口淤废严重，太湖泄水又进入一个困难时期，不少地方"地陷成湖"，"陆沉"传说四起，澄湖的摇城遗址即为当时的产物。

东山俯瞰,2019

太湖东山原为湖中大岛,因东太湖泥沙淤积,渐与湖外陆地相连而成半岛。如今的东山,再也看不出曾是湖中岛屿的景象了。

东山大缺口，2019

之前，东山与苏州之间的交通需用船摆渡，因此，至今这里还有"渡村""渡口"等地名。至清代，东山与苏州间水域日渐淤塞，仅留"大缺口"为太湖中东部的水流通道。现在大缺口为一条沟通半岛东西部的河道。

东太湖南半部,2019

吴中区东山半岛与吴江区之间的东太湖,是太湖泄水的主要通道,同时也是历史上太湖泥沙淤积最为明显的地区。

东苕嘴，2019

东山半岛东南部端点为"东苕嘴"，因泥沙自然沉积不断向吴江区方向陆地靠近，东太湖泄水留下的通道越来越狭窄。近年来随着东太湖的开发，为维护东太湖水文环境的安全，东苕嘴尖角被切去，形成了3.5千米宽的湖水通道。

部分被掩埋的古五龙桥，2015

古五龙桥在古鳌塘与澹台湖交汇处，是东太湖末梢重要出水口之一的鲇鱼口北通盘门方向的中途节点。随着东太湖的淤塞，鲇鱼口境况不再，向北仅留西塘河，河上五孔五龙桥最东一孔已经全部被填埋在陆地岸头之中，第二孔也被遮掩掉一半。

宝带桥前的浅水区，2010

宝带桥前浅水区的白鹭，2010

在宝带桥前繁忙的大运河航道边缘区域，因泥沙沉积河床变浅，水生植物不断生长，涉水的禽类也常在此出没。

垂虹桥北端遗迹，2013

垂虹桥南端遗迹，2019

垂虹桥，原为方便吴江松陵镇东水乡泽国地带的出行而建，宋代初建时为木桥，元代改建为青石砌筑的联拱石桥，共72孔。20世纪50年代被列为江苏省文物保护单位。1967年5月，桥身大部分塌毁，现余南北两端桥孔若干，遗址在2019年被列为全国重点文物保护单位。垂虹桥印证了其初建时茫茫泽国的环境，以及大运河相关水系的变迁。

苏沪交界处的湖群，2019

在苏州吴江区、昆山市和上海青浦区交界处，有元荡（左）、淀山湖（右），以及白荡、汪洋荡等湖泊的分布。古"三江"之中，吴淞江和娄江之名尚存，位置基本遵循旧迹，只有东江已然无处可寻。一般认为，东江前半段仍在，即急水港、白蚬湖（白蚬江），过淀山湖、拦路港、泖河一带。由于钱

塘江北岸海塘工程的封闭，东江向东南入海的通道消失，淀泖地区泄水只能向东转寻其他途径，这也就为后来的黄浦江奠定了基础。经明代"掣淞入浏""黄浦夺淞"以后，太湖泄水的格局与现代已基本相近。沧海桑田是自然现象，而其过程中的人为影响也不容忽略。太浦河的开挖、东太湖的开发，都是近几十年来重要的人为活动。太湖东部地区的"人·地·水"关系始终处于动态的平衡之中，而且还在持续进行着。

太湖岛山

太湖是一个碟形洼地积水而成的浅水湖泊,太湖深处的岛屿原是这里散布的山体。在山体与水体之间,自然的变迁和人为的围垦都在影响着太湖的形态。

被围垦的西山消夏湾,2019

消夏湾原是太湖伸入西山南部的一个湖湾,相传为春秋时吴王消夏避暑的地方,"消夏渔歌"为西山八景之一。20世纪五六十年代以后,当地利用消夏湾滩涂围筑消夏湾大坝,至今圩田耕地有增无减。

消夏湾和缥缈峰，2011

图中河塘两岸为消夏湾圩田的菜地和果园。远处山峰为太湖七十二峰之首的缥缈峰。

漫山、冲山和"太湖"的几个"浮",2019

光福之西的冲山、漫山,原先均为湖上岛山,"浮"则是当地人对湖中小型岛山的习惯称呼。因太湖泥沙沉积,以及人为的围垦,漫山岛由北山村和漫山村所在的两个小岛合而为一,同时,冲山岛则与湖外陆地相连,成为半岛。冲山东部的渔港小镇,20世纪80年代初是当时的吴县太湖乡所在地,

渔港周边那些早先犹如漂在太湖上的"浮",如今都已与陆地连在了一起。图中右侧近处为箬帽浮,河港两侧有癞头浮、长浮,远处渔港村湖边为白浮(曾称"红浮")。

水患水利

大自然于人类而言往往是利弊相随的。水乡给人类提供了富足生活的基本条件,但在多雨的季节,尤其是多雨年份的雨季,又常常给人类带来水患。无论是自高处激荡而来的洪流,还是在低地盘桓不退的涝水,都可能会毁坏人们生产粮食的耕地田畴,侵害人们赖以居住的陆地环境,成为水乡人们的心头之患。因此,从历史来看,水乡地区的繁荣、稳定和发展,与水利建设、水患治理的状况直接相关。

"陆沉"印证

"陆沉"的说法,多见于传说之中。而有些传说又得到了实证的支持。

昆承湖,2010

在常熟民间流传着一则传说:昆承湖所在位置原是青州城,后陆沉为湖,而湖西莫城镇的"莫城"则是常熟话中"没剩"的发音。

俯瞰澄湖南岸寝浦寺遗址，2019

寝浦寺遗址，2017

澄湖地区也有类似陆地沉陷情节的传说。而据方志记载，寝浦寺明代所铸钟文有"天宝六年春地陷成湖"字样。另据清光绪年间《周庄镇志》记载，澄湖"相传为邑聚所陷，又名沉湖……当水涸时，其中街衢井灶历历可辨，余如上马石、墓道、田亩界石不胜枚举……"

摇城遗址文保碑，2017

在大姚山东侧摇城遗址考古中发掘出来的，从新石器时期到宋代的古井、石器、陶器甚至住房、水田遗迹和沉于湖底的生产生活器具等，则比传说更直接地证实了这里"地陷成湖"的事实。科学地说，"地陷成湖"其实就是洼地在洪涝袭来时积水成湖的过程。

阳澄湖"老鼠墩"与"美人腿",2019

阳澄湖也是一处洼地积水而成的湖泊。画面远处为人们熟知的"美人腿",陆地高出湖面不多。而据记载,画面中近处的"老鼠墩"也是因湖水波浪对陆地的淘蚀而与湖外陆地相分离而形成的。

汛期洪涝

苏州地处季风区，一年中有明显的雨季。多雨的季节河湖涨水，形成汛期。在特别多雨的年份，每至汛期，河湖水位偏高，往往形成洪涝。对水乡地区而言，洪涝是影响最大、最常见的自然灾害。

大运河限航，2016

夏季前后是苏州的汛期，遇到持续多雨的天气，河湖水位高涨，就会带来防汛的压力。大运河航线因连续降雨水位升高而暂时限航。

太湖流域洪涝严重影响苏州，1991

遇到特别多雨的年份，水乡地区可能会受到洪涝的威胁。1991年太湖流域发生大范围洪涝时，苏州古城外的老街巷区，上涨的河水淹没了河边的街道。

城外受涝严重的老街靠简易的标记区分街与河的位置，1991

古城外小日晖桥附近被淹没的河边老街，1991

历代水利

从传说中的大禹治水,到伍子胥"相土尝水"建造苏州水陆城门;从宋代"人·地·水"关系的紧张,到明、清苏州经济的繁荣,苏州的水利建设从未停歇,历代出现了不少在治水、用水方面具有代表性的人物。

太湖西山禹王庙俯瞰,2019

台风天气里的禹王庙，2019

相传远古时大禹以疏治水，成功地消除了太湖水患，由此，"三江既入，震泽底定"。传说中的大禹可以算是苏州最早的治水者。

古城胥门伍子胥像，2018

2 530多年前，伍子胥"相土尝水，象天法地"，选定了现在苏州城的位置建造阖闾大城，并设陆城门和水城门各八座，极富智慧地处理了水乡地区人和自然的关系。苏州城位置始终未变，水陆城门的构成也沿用至今。

联通虎丘的白公堤，2019

唐代诗人白居易出任苏州刺史时，修筑了沿山塘河的陆路堤岸，即山塘街。后人为了纪念白居易，就将山塘街称为"白公堤"。

太仓弇山园郏亶墓，2019

郏亶是北宋著名的水利学家，著有《吴门水利书》四卷，其中《苏州水利六失六得》和《治田利害七事》两篇保留至今，对吴地地貌水文的论述精辟而科学，常为后世治水论著和实践所引用。郏亶被誉为"吴中水利先驱"。

昆山震川园归有光像，2019

唐宋以后，太湖下游的水患压力越发严重，至明代更甚。归有光（世称"震川先生"）针对太湖地区的水患情形，提出了以解决吴淞江淤塞为主的治理思路，其所著《水利论前》《水利论后》《三吴水利录》是古代太湖水利研究的重要资料。

山塘街张国维祠（南社纪念馆），2019

明末，张国维主持了九里石塘、平望内外塘、至和塘、松江扞海堤等的建造和修整，积累了数十年的治水经验，其所著70万字的《吴中水利全书》为我国古代篇幅最大的水利学巨著，也是一部研究苏、沪、常、镇地区水利的至关重要的文献。

水利新成就

新中国成立后,水利也成为苏州城乡建设的头等大事。随着投入的增加、技术的提升、协调的到位,苏州水乡的洪涝水害已得到控制,江海之潮不再成患,引水、运输等能力日趋强大,写就了地方水利建设的新篇章。

太湖大堤,2019

太湖大堤自20世纪50年代后期开始规划和建设。1987年,在太湖流域治理《总体规划方案》中被列为十项骨干工程之一,正式定名为"环湖大堤",全长152千米。

胥口段太湖大堤，2011

渔洋山北吕浦段太湖大堤，2012

太浦河节制闸俯瞰,2019

太浦河节制闸西距太湖约 2 千米,是控制太浦河泄洪量、合理调控蓄洪、节制太湖水位的主要水利建筑设施,为太浦河一期工程配套项目。1959 年 8 月初工程竣工时,闸门尚是松木门板,后改用钢筋混凝土材质。太浦河节制闸建成后,第一次正式泄洪是在 1991 年。

从太浦闸看泄洪中的太浦河，2016

上海市境内的太浦河工程纪念碑,2019

1991年夏,太湖流域发生特大洪涝灾害,太浦河上游的太浦闸开闸泄洪,为缓解太湖防洪压力起到了重要作用,但也对太浦河沿线造成了不小的影响。1991年秋,太浦河工程被列为太湖流域综合治理骨干工程,至1997年秋正式完成建设。上海市于1998年5月立太浦河工程纪念碑。

胥口水利枢纽，2019

胥口水利枢纽是国家治理太湖的重点工程，兼有防洪、排涝、引水、通航、环保、旅游等综合功能。

瓜泾口水利枢纽，2016

瓜泾口现为吴淞江源头。此前吴淞江源头在吴江区松陵镇之南，屡经更改迁移。而与瓜泾口同为东太湖泄水口的，还曾有鲇鱼口等通道。

望虞河常熟水利枢纽俯瞰，2019

望虞河常熟水利枢纽工程兼具引排双重功能，一方面为河水入江的控制工程，另一方面也是"引江济太"的龙头工程。该工程被评为"江苏最美水地标"之一，吸引了不少市民前来休闲观光。

浏河闸，2012

与其他通江河道一样，浏河在入长江口附近也有完善的船闸系统，既起到江水引排的作用，又防止江潮倒灌，还保证河运的正常沟通。满载煤炭和建筑材料的货船正在通过浏河闸。

浏河闸，2012

水利风景区

祝甸古窑遗址公园，2019

白荡湖畔的祝甸古窑群，2019

祝甸古窑遗址公园位于白荡湖西岸，属国家级水利风景区明镜荡水利风景区的一部分。祝甸古窑遗址是昆山锦溪周边古窑群的代表，显示了当时高超的制砖技术和便利的水运环境。

太湖浦江源国家水利风景区太浦闸，2016

太浦闸是太湖浦江源水利风景区的重要组成部分，与景区内太湖大堤、东太湖等共同构成了特殊的城市河湖风景景观。

胥口水利风景区,2010

吴中区胥口水利风景区位于太湖之滨古老的胥江口,是一个以胥江枢纽为核心,融防洪、排涝、引水、通航、环保、旅游和科普等功能为一体的国家级水利风景区。

生态保护

水,是生命之源;水,也是水乡之魂。在一段时期内,由于人们对水乡生态环境总体认识不足,在推进工业化和城市化的过程中,人们缺乏对水体环境保护的意识,导致水体污染、生态恶化,甚至出现"水乡缺水"的现象。而今,保护水乡生态环境已成为共识,人们正致力于寻求与自然之间的和谐共存、绿色发展。

望虞河沙墩口的水源地保护标志,2013

琳桥港闸，2019

琳桥港闸是西塘河引水工程的起点。该工程由此向南，经裴家圩水利枢纽，至古城外城河，为苏州环古城风貌保护、古城水质改善提供优质水源。

春申湖,2019

春申湖有着悠久的水利建设历史,原名"裴家圩",据传是战国时春申君筑堤围堰的遗迹。

俯瞰西塘河裴家圩水利枢纽和春申湖，2019

裴家圩水利枢纽是西塘河引水工程的主要部分，采用节制闸和双向泵站相组合的设置，既可引望虞河清水，也可向望虞河排涝。

三角嘴湿地公园，2019

三角嘴湿地公园位于西塘河畔古城区与相城区交界处，临近高新区。目前已建成集生态环境保护、市民休闲娱乐等功能于一体的湿地公园。

娄门拦水坝，2013

苏州古城区娄门拦水坝和阊门北拦水坝同时工作可以适度抬高古城外城河北侧水位，从而使城北西塘河引来的清水自流进入古城内城河，起到更新城内水源、改善城内水环境的作用。

东北街临顿路口水巷，2016
通过生物净化工程，进一步改善古城区河道的水质。

莲花岛生态湿地花园，2018

生态湿地花园是一种生态治理的新途径，可通过强化型生态湿地来处理岛上的生活污水，以保护整体生态环境。

安山附近的环保船，2013

目前，在苏州城乡，保护水环境已是共识，随处可以看到在进行河道保洁的环保船。

新 水 乡

　　苏州向来是江南水乡的代表,这里既有"鱼米之乡"优越的自然条件,也有"人·地·水"关系的矛盾冲突,更有人们适应自然而形成的丰富的文化积淀。随着现代化建设的推进,一个经济发达、环境优美、生态健康的"新水乡"正在形成。

开发前的金鸡湖,1990

开发后的金鸡湖,2011

"洋苏州"的金鸡湖,2019

开发中的东太湖地区,2012

建设中的东太湖两岸，2019

建设中的石湖，2010

石湖蠡岛俯瞰，2019

石湖天镜阁小景，2019

徐图港活力岛，2019

吴淞江畔新农村，2019

太湖大桥，2017

太湖湾，2012

太湖垂钓,2017

太湖湿地，2013

后　　记

　　水乡，向来是江南留给人们的最深印象；苏州水乡，又常常是人们心目中江南水乡的典型代表。"包孕吴越"的太湖大部分水体属于苏州，具有二千五百多年历史的古老水城也是苏州，"江南六大古镇"的半数也地处苏州。苏州水乡的自然景观和历史文化，吸引着人们的目光，也吸引着学者的关注。摄影，自发端以来就具有强烈的纪实属性，更是"非现场，不可得"，在地学和文化研究中起到了难以替代的作用。近些年，我在参与地方文化研究并为名家著述提供插图的同时，萌生了创作一套从地理学视角研读苏州的摄影图册以填补学术研究和图志记述方面空白的想法，水乡自然成了首选。适逢苏州市职业大学吴文化传承与创新研究中心搭建了研究平台，使此想法有了实现和提升的可能。在三十多年来，特别是最近十余年来研究和拍摄积累的基础上，经过一年中双休日的行摄记录和图文连缀，以及暑期在苏州地界月行万里的强化工作，终于使这本用典型景观来系统解读苏州水乡的自然环境、历史人文及其交融关系的"水乡图鉴"越来越清晰和完整，并得以和大家见面。

　　《苏州水乡图鉴》收录了照片350幅（组），均为本人原创。其中，半数选自往年的摄影积累，包括20世纪八九十年代的胶片影像；另外一半则是2019年的集中拍摄记录。全书分为四个部分：一是水乡印记，从身边看起，撷取随处可见的"人·地·水"关系中的典型；二是水乡水系，立足苏州市域，从地理学的视角力求科学地梳理出苏州的水系结构及人为影响；三是水乡人文，力求全面记述人们对自然环境的改造和利用；四是和谐发展，以人为本，以史为鉴，与水乡印记相呼应，着眼于水乡未来的发展。

《苏州水乡图鉴》的创作和出版得到了各方的大力支持与帮助。特别感谢著名历史文化名城保护专家，同济大学教授、博士生导师、国家历史文化名城研究中心主任阮仪三先生为本书作序并予以肯定；感谢苏州市职业大学领导的支持和学校的吴文化研究氛围，感谢吴文化传承与创新研究中心提供的研究平台；也要感谢苏州市地学会组织的数十年持续而卓有成效的活动使我得以保持了地学专业研究的热度。苏州市地学会的曹健老师和张振雄老师认真审读了本书稿并提出了专业的建议，金健玉老师为我找到了高乡仅存的成片棉田，太仓棉花育种中心邓惠清老师为拍摄提供了很大的方便，等等，在此一并致谢。同时，也要感谢家人一向以来，特别是在集中拍摄和整理图稿的一年中所给予的理解与支持。

　　苏州水乡的发展日新月异，2020年又有不少新景象，但这些景观在资料截至2019年的本书中无法呈现，引为憾事。同时，限于水平，《苏州水乡图鉴》一书难免存在疏漏之处，恳请各方专家和读者批评指正。

朱剑刚
2020年6月于苏州